中国古代地方志

王 俊 编著

中国商业出版社

图书在版编目（CIP）数据

中国古代地方志 / 王俊编著. -- 北京：中国商业出版社，2016.12
ISBN 978-7-5044-9686-7

Ⅰ.①中… Ⅱ.①王… Ⅲ.①地方志-汇编-中国-古代 Ⅳ.①K29

中国版本图书馆 CIP 数据核字 (2017) 第 002095 号

责任编辑：常　松

中国商业出版社出版发行
010-63180647　www.c-cbook.com
（100053 北京广安门内报国寺 1 号）
新华书店经销
三河市同力彩印有限公司
*
710×1000 毫米　16 开　15 印张　200 千字
2017 年 9 月第 1 版　2017 年 9 月第 1 次印刷
定价：45.00 元
* * *
（如有印装质量问题可更换）

《中国传统民俗文化》编委

主　编	傅璇琮	著名学者，原国务院古籍整理出版规划小组秘书长，清华大学古典文献研究中心主任教授，原中华书局总编辑
顾　问	蔡尚思	著名历史学家，中国思想史研究专家
	卢燕新	南开大学文学院副教授
	王永波	四川省社会科学院文学研究所副研究员
	叶　舟	中国思维科学研究院院长，清华大学、北京大学特聘教授
	于春芳	北京第二外国语学院教授
	杨玲玲	西班牙文化大学文化与教育学博士
编　委	陈鑫海	首都师范大学中文系博士
	李　敏	北京语言大学古汉语古代文学博士
	赵　芳	出版社高级编辑，曾编辑出版过多部文化类图书
	韩　霞	山东教育基金会理事，作家
	陈　娇	山东大学哲学系讲师
	吴军辉	河北大学历史系讲师
	石雨祺	出版社高级编辑，曾编辑出版过多部历史类图书
	王　欣	全国特级教师
策划及副主编	王　俊	

序 言

　　中国是举世闻名的文明古国，在漫长的历史发展过程中，勤劳智慧的中国人，创造了丰富多彩、绚丽多姿的文化，可以说人创造了文化，文化创造了人，这些经过锤炼和沉淀的古代传统文化，凝聚着华夏各族人民的性格、精神、智慧，是中华民族相互认同的标志和纽带。在人类文化的百花园中摇曳生姿，展现着自己独特的风采，对人类文化的多样性发展作出了巨大贡献。中国传统民俗文化内容广博，风格独特，深深地吸引着世界人民的眼光。

　　正因如此，我们必须深入学习贯彻十八届三中全会精神，按照中央的规定，加强文化建设。2006年5月，时任浙江省委书记的习近平同志就已提出："文化通过传承为社会进步发挥基础作用，文化会促进或制约经济乃至整个社会的发展。"又说："文化的力量最终可以转化为物质的力量，文化的软实力最终可以转化为经济的硬实力。"（《浙江文化研究工程成果文库总序》）今年他去山东考察时，又再次强调：中华民族伟大复兴，需要以中华文化发展繁荣为条件。

　　学习习近平同志的重要讲话，确可体会到，在政治、经济、军事、社会和自然要素之中，文化是协调各个要素协同发展、相关耦合的关健。正因为此，我们应该对华夏民族文化进行广阔、全面的检视。我们应该唤醒我们民族的集体记忆，复兴我们民族的伟大精神，发展和繁荣中华民族的优秀文化，为我们民族在强国之路上阔步前行创设先决条件。

实现民族文化的复兴，更必须传承中华文化的优秀传统。现代中国人，特别是年轻人，对传统文化十分感兴趣，蕴含感情。但当下也有人对具体典籍、历史事实不甚了解，比如说，中国是书法大国，谈起书法，有些人或许只知道些书法大家如王羲之、柳公权等等的名字，知道《兰亭集序》是千古书法珍品，仅此而已。再比如说，我们都知道中国是闻名于世的瓷器大国，中国的瓷器令西方人叹为观止，中国也因此而获得了"瓷器之国"（英语china的另一义即为瓷器）的美誉。然而关于瓷器的由来、形制的演变、纹饰的演化、烧制等等瓷器文化的内涵，就知之甚少了。中国还是武术大国，然而国人的武术知识，或许更多地来源于一部部精彩的武侠影视作品，对于真正的武术文化，我们也难以窥其堂奥了。我们还是崇尚玉文化的国度，我们的祖先，发现了这种"温润而有光泽的美石"，并赋予了这种冰冷的自然物以鲜活的生命力和文化性格，例如"君子当温润如玉"，女子应"冰清玉洁"、"守身如玉"；"玉有五德"，即"仁"、"义"、"智"、"勇"、"洁"，等等。今天，熟悉这些玉文化的内涵的国人，也为数不多了。

也许正有鉴于此，有忧于此，近年来，已有不少有志之士，开始了复兴中国传统文化的努力，读经热开始风靡海峡两岸，不少孩童乃至成人，开始重拾经典，在故纸旧书中品味古人的智慧，发现古文化历久弥新的魅力。电视讲坛里一波又一波对古文化的讲述，也吸引着数以万计的人们，重新审视古文化的价值。现在放在读者眼前的这套"中国传统民俗文化丛书"，也是这一努力的又一体现。我们现在确应注重研究成果的学术价值和应用价值，充分发挥其认识世界、传承文化、创新理论、咨政育人的重要作用。

中国的传统文化内容博大，体系庞杂，该如何下手，如何呈现？这套丛书处理得可谓系统性强，别具心思。编者分别按物质文化、制度文化、精神文化等方面来分门别类地进行组织编写，例如在物质文化的层面，就有中国古代纺织、中国古代酒具、中国古代农具、中国古代青铜器、中国古代钱币、中国古代石刻、中国古代木雕、中国古代建筑、中国古代砖瓦、中国古代玉器、中国古代陶器、中国古代漆器、中国古代桥梁等等。

在精神文化的层面，就有中国古代书法、中国古代绘画、中国古代音乐、中国古代艺术、中国古代篆刻、中国古代家训、中国古代戏曲、中国古代版画等等；在制度文化的层面，就有中国古代科举、中国古代官制、中国古代教育、中国古代军队、中国古代法律等等。

此外，在历史的发展长河中，中国各行各业还涌现出一大批杰出的人物，至今闪耀着夺目的光辉，启迪后人，示范来者，对此，这套丛书也给予了应有的重视，中国古代名将、中国古代名相、中国古代名帝、中国古代文人、中国古代高僧等等，就是这方面的体现。

生活在21世纪的我们，或许对古人的生活颇感好奇，他们的吃穿住用如何？他们如何过节？如何安排婚丧嫁娶？如何交通？孩子如何玩耍？等等。这些饶有兴趣的内容，这套中国传统民俗文化丛书，都有所涉猎，例如中国古代婚姻、中国古代丧葬、中国古代节日、中国古代风俗、中国古代礼仪、中国古代饮食、中国古代交通、中国古代家具、中国古代玩具、中国古代鞋帽等等，这些书籍介绍的，都是人们深感兴趣，平时却无从知晓的内容。

在经济生活的层面，这套丛书安排了中国古代农业、中国古代纺织、中国古代经济、中国古代贸易、中国古代水利、中国古代车马、中国古代赋税等等内容，足以勾勒出古人经济生活的主要内容，让今人得以窥见自己祖先曾经的经济生活情状。

在物质遗存方面，这套丛书则选择了中国古镇、中国古楼、中国古寺、中国古陵墓、中国古塔、中国古战场、中国古村落、中国古街、中国古代宫殿、中国古代城墙、中国古关等内容。相信读罢这些书，喜欢中国古代物质遗存的读者，已经能大致掌握这一领域的大多数知识了。

除了上述内容外，其实还有很多难以归类却饶有兴趣的内容，例如中国古代的乞丐这样的社会史内容，也许有助于我们深入了解这些古代社会底层民众的真实生活情状，走出武侠小说家们加诸他们身上的虚幻不实的丐帮色彩，还原他们的本来面目，加深我们对历史真实的了解。继承和发扬中华民族几千年创造的优秀文化和民族精神是我们责无旁贷的历史责任。

不难看出，单就内容所涵盖的范围广度来说，有物质遗产，有非物质遗产，还有国粹。这套丛书无疑当得起"中国传统文化的百科全书"的美誉了。这套书还邀约了大批相关的专家、教授参与并指导了稿件的编写工作。

应当指出的是，这套书在写作中，既钩稽、爬梳大量古代文化文献典籍，又参照近人与今人的研究成果，将宏观把握与微观考察相结合。在论述、阐释中，既注意重点突出，又着重于论证层次清晰，从多角度、多层面对文化现象与发展加以考察。这套丛书的出版，有助于我们走进古人的世界，了解他们的美好生活，去回望我们来时的路。学史使人明智。历史的回眸，有助于我们汲取古人的智慧，借历史的明灯，照亮未来的路，为我们中华民族的伟大崛起添砖加瓦。

是为序。

傅璇琮
2014年2月8日

前 言

地方志简称"方志",它是中国文化结晶之一,更是中华民族文化宝库中十分宝贵的财富。地方志早在春秋时代就已出现,可谓源远流长,历史悠久。如鲁之《春秋》、晋之《乘》、楚之《祷杌》等,以反映各国情况,上达天子。其后,郡县取代侯国,地方志显得尤为重要。地方志是以历代行政区划为单位,把一地的自然、地理、经济、军事、文化、人物等诸多方面的历史和现状,荟萃于一书,其内涵已远远超出原始的、单一的历史和地理范畴。它已经形成一种综合性的地方百科全书。地方志在漫长的历史发展过程中,内容逐渐丰富,体例亦日臻完善。

我国地方志的发展演变复杂而漫长,才最终形成一种特定体裁的著作。它的发展演变受到全国总志的影响,同时,又经历了地记、图经到地方志等几个主要历史发展阶段。例如,从西汉之后,鉴于地方经济的发展和地方豪族势力的成长,地记著作(如风土、山川、物产、人物等)出现并渐为增多。魏晋以后,地记著作显著增多,内容多属于风土记与风俗传性质,有的重点志地理物产,有的重点志人物史传。图经之作,虽始见于东汉,然图经之盛行,乃是隋唐以后之事。图经之书以图为主,文字为辅。北宋末年,图经向大量文字记载方向发展。

图退居于附录，有的甚至摈弃不用，只保留经文部分，事实上，图经已经演变为地方志了。如宋代元丰年间的《九域志》，是王存据《九域图》重修而成。由于不绘地形，难以称图，故更名为志。至南宋，索性将图经改称地方志，如《严州图经》，后改名为《新定志》即其显例。图经之名，至南宋已成为地方志通称。

  编修地方志有着悠久的历史，从宋代定型开始，至今已有1000多年的历史。据不完全统计，从秦汉到民国时期，至今还保存的历代旧方志达8000多种，约占我国现存古籍的10%。这些志书十分珍贵，既是我国的历史文化遗产，也是独具特色的人类文明。英国著名学者李约瑟博士曾说："古代希腊乃至近代英国，都没有留下与中国地方志相似的文献。要了解中国文化，必须了解中国的地方志。"

  中国地方志源远流长，卷帙浩繁，是中华民族文化遗产的重要组成部分，应该认真继承、发扬和创新。

  广大从事修志工作者以及对地方志书有兴趣的各方面人士，都希望全面了解中国地方志书的起源、性质、作用，以及方志学理论的各种观点和历代编修状况，吸收其精华，为当前编修方志服务，为方志理论建设服务。本书就是为满足上述要求而撰写的。

  在众多老师指导和同志们的帮助之下，本书才得以完成。值此付梓出版之际，谨向各位老师和同志表示衷心的感谢。

  本书有一部分是自己研究所得，但大部分是吸收他人成果或摭古籍原文编纂而成。没有学术界同仁的研究成果，本书是难以问世的。为此，特致谢意。

  由于写作时间仓促，学术界一些先进成果未能全面吸收，加之本人能力所限，错误之处，望读者以及相关学者不吝教正。

目 录

第一章 地方志的产生及其概况

第一节 中国地方志的起源 …………………………………… 002
地方志产生的基本条件 ………………………………………… 002
地方志的起源 …………………………………………………… 003
地方志的萌芽与《周礼》 ……………………………………… 005
《禹贡》和《山海经》 ………………………………………… 009

第二节 地方志的功用、现存情况及种类 ………………… 012
地方志的功能作用 ……………………………………………… 012
地方志的现存情况 ……………………………………………… 014
地方志的基本种类 ……………………………………………… 015

第三节 地方志学基本发展概况 ……………………………… 024
地方志学的形成与发展 ………………………………………… 024
地方志学的学科地位 …………………………………………… 027
地方志学的研究对象 …………………………………………… 029
地方志学的体系结构 …………………………………………… 031

第二章　地方志体例与编辑整理

第一节　基本体例与体裁章法 …………………………… 036
地方志的基本体例 …………………………… 036
地方志的纂撰体裁 …………………………… 038
地方志的图表 …………………………… 045
地方志的章法 …………………………… 054

第二节　地方志编辑整理 …………………………… 061
地方志的目录与提要 …………………………… 061
旧志整理 …………………………… 071

第三章　秦汉魏晋时期的地方志

第一节　秦汉魏晋地方志概况 …………………………… 078
秦汉地方志概况 …………………………… 078
魏晋地概况 …………………………… 086

第二节　秦汉魏晋名志举要 …………………………… 092
《三秦记》 …………………………… 092
《陈留风俗传》 …………………………… 093
《南州异物志》 …………………………… 094
《三巴记》 …………………………… 095
《畿服经》 …………………………… 096
《十三州志》 …………………………… 097
《广州记》 …………………………… 097

第三节　秦汉魏晋时期的方志学家……099

裴秀 …… 099

山谦之 …… 100

顾野王 …… 101

第四章　隋唐五代时期的地方志

第一节　隋唐五代地方志概况…… 106

隋唐五代的发展时期 …… 106

隋唐地方总志介绍 …… 107

隋唐地方志的价值 …… 111

第二节　隋唐五代名志举要…… 114

《蛮书》 …… 114

《桂林风土记》 …… 115

《吴地记》 …… 115

《沙州图经》 …… 116

《西州图经》 …… 118

《沙州伊州地志》 …… 119

《寿昌县地境》 …… 120

第三节　隋唐五代时期的方志学家…… 121

贾耽 …… 121

李吉甫 …… 122

第五章 宋元时期的地方志

第一节 宋元时期地方志概况 ······ 126
- 宋代地方志发展和定型 ······ 126
- 宋代地方志编修概况 ······ 130
- 元代地方方志编修概况 ······ 133
- 地方志理论的初现 ······ 135

第二节 宋元时期名志举要 ······ 138
- 《吴郡志》······ 138
- 《长安志》······ 139
- 《咸淳临安志》······ 140
- 《齐乘》······ 143
- 《延祐四明志》······ 144
- 《大德昌国州图志》······ 146

第三节 宋元时期的方志学家 ······ 148
- 宋敏求 ······ 148
- 朱文长 ······ 149
- 范成大 ······ 149
- 罗愿 ······ 150
- 周应合 ······ 151

第六章 明代的地方志

第一节 明代地方志概况 ······ 156
- 政府高度重视修志 ······ 156

明代地方志的特点 …………………………………………… 160

第二节　明代名志举要 …………………………………… 167

　　《大明一统志》 ………………………………………………… 167
　　《山西通志》 …………………………………………………… 168
　　《滇略》 ………………………………………………………… 170
　　《徽州府志》 …………………………………………………… 170
　　《兰阳县志》 …………………………………………………… 172
　　《寿宁待志》 …………………………………………………… 173

第三节　明代的方志学家 ………………………………… 175

　　莫旦 ……………………………………………………………… 175
　　杨循吉 …………………………………………………………… 176
　　唐锦 ……………………………………………………………… 177
　　闻人铨 …………………………………………………………… 178
　　郭子章 …………………………………………………………… 179
　　陈继儒 …………………………………………………………… 180

第七章　清代的地方志

第一节　清代地方志概况 ………………………………… 184

　　清代地方志编修概况 …………………………………………… 184
　　清代修志流派分析 ……………………………………………… 189

第二节　清代名志举要 …………………………………… 194

　　《凤台县志》 …………………………………………………… 194
　　《乾隆永清县志》 ……………………………………………… 196

《嘉庆广西通志》……………………………………… 197
《乾隆汾州府志》……………………………………… 201
《光绪顺天府志》……………………………………… 203

第三节　清代的方志学家…………………………… 207

胡渭 ……………………………………………………… 207
章学诚 …………………………………………………… 208
戴震 ……………………………………………………… 210
钱大昕 …………………………………………………… 213
武亿 ……………………………………………………… 215
吴廷燮 …………………………………………………… 215
张维 ……………………………………………………… 216

参考书目……………………………………………… 221

第一章
地方志的产生及其概况

地方志简称"方志"。"志"就是"记",即记录、记载、记述的意思,而"地方志"就是一个地方各个方面情况的记载。经过长期的发展、演变,它已经形成了一种独特的体裁——志书体,有了自己独特的面貌。它汇聚一个地区从古代到现代,从自然到社会的所有方面的资料,分门别类地记录下来。一志在手,这个地区的山川、风物、史迹、人物便能历历在目。所以,有人称它为"一方的古今总览",或"地方百科全书"。

第一节　中国地方志的起源

■ 地方志产生的基本条件

探讨地方志起源，就是查寻地方志产生和发展的根源。众所周知，所有的科学，都是为适应人们社会实践的需要而产生的。当然，地方志作为一门科学也不例外。

地方志不是偶然产生的，它也是社会需要的产物。一般具备以下四个条件，就可能产生地方志：首先，一个版图较大的中央政权的出现；其次，中央政权按地域划分进行统治；再次，社会实践的内容日趋广泛、复杂，致使统治者必须对所辖地区的情况加以收集、整理和记载，方能掌握、运筹决策；最后，文字的出现并较为广泛地使用。

在中国历史上，第一个奴隶制国家是夏朝。传说夏朝农业生产已有相当水平，懂得了变水灾为水利，农作物产量已大大提高，并已知造酒；和农业有关的天文、历法知识也逐渐积累起来，出现了"从事单纯体力劳动的群众同管理劳动、经营商业和掌握国事以及后来从事艺术和科学的少数特权分子之间的大分工"。社会现象的日趋复杂，使当权者对所辖方域内的情况加以记述成为必要，而从事专职文字工作的官职人员的出现，使得这种记录成为可能。就是说，在夏朝已经具备产生方志的条件。但由于年代久远，文献缺乏，对于夏朝的全面情况难以考察，因而对方志的起源也难以断定。

■ 地方志的起源

商朝是中国历史上第二个奴隶制王朝。在夏朝国家制度的基础上，商的国家组织不断趋于完备，形成了相当复杂的体制。商王之下有位高权重的冢宰或师尹，其下的政务官有司徒、司空、司寇、司马等及所属僚佐，分掌各项具体事务。此外，还有总管一切"神事"，对一切军国政事都能起直接或间接支配作用的以巫为首的祝、宗、卜、史等专职人员，以及从巫职机构脱离出来的太史、内史、御史等王室的重要职官。他们虽然是一般的政府官吏，但由于所承担的职务多与文字记录现实状况有关，因此，史官的职掌便与方志起源有着千丝万缕的联系。

商王朝的统治区分畿内和畿外两大部分。畿内除王都外，有不少城邑是王室诸子和贵族的封地。这些封地接受商王的封号，用侯、伯、子、男的班爵制度，规定贵族的等级，明确方国的地位。大小方国要向王室定期朝贡，提供人力，遵守一切礼仪，是王室统治下的臣属之邦。每一方国，都仿照王室建立地方性的政权机构，设有军队、监狱，征收贡赋，统治该封地的人民。畿外的方国承认商王为他们的"共主"，有的也接受封号。见于甲骨文中较著名的方国有土方、鬼方、邛方、羌方、周方、人方等。统治者从政治上的统治需要出发，为掌握所辖地区的自然、经济、民俗风情等情况，便设有相应的官吏对当时的状况进行记录。这些情况的记录，便是产生方志的源。

中国早在商朝便有了史官，在典籍中有明文记载。《吕氏春秋》曰："成汤之时有谷生于庭，至旦大合拱，史请卜其故。"《帝王世纪》载："汤自伐桀后，大旱七年，殷史卜曰：'当以人祈'。"1936年6月，董作宾在《安阳发掘报告》第3期发表了《大龟四版考释》,建立了"贞人"说,断定贞人是殷代记事的史官。史官在商代一般多直呼为史,也称卿史,记录状况的史官称作册。商代习俗尚鬼,"凡祀与戎皆卜","大事记于卜辞,王命铸于鼎彝"。占卜便是史官的职掌。将占卜后的甲骨卜辞串联成册,储藏于宗庙中,也是经过史官之手。这样,便为后人造就了一座规模宏大的资料宝库,甲骨卜辞的记载在许多方面与后世方志有共性之处。

文字的出现并较为广泛地使用,是方志产生不可缺少的条件。有了文字,才使记录状况真正成为可能,才能使后代人对前代人的活动有所了解。1899年,人们发现了商代史官整理收藏的甲骨册,历经80余年的研究,在出土的15万片以上的甲骨中,已发现甲骨文字有5000个左右,已识字1000个以上。甲骨文的发现和研究,证明商代已有文字出现并广泛运用。

▲ 吕不韦像

商代记于甲骨之上的卜辞,与方志关系极为密切。河南安阳与陕西岐山所出土的甲骨卜辞,代表着两个不同地域上的商与周的情况。从中可看出,这些甲骨卜辞与方志有着若干共性。其一,"记载现实,反映当代"。其二,"以时为序,再系以事",同方志中的大事记非常相似。其三,"记载地方,内容丰富"。从郭沫若主编的《甲骨文合集》看,甲骨卜辞反映的社会内容是相当丰富的。其内容按类划分，包括奴隶和平民、奴隶主贵族、官吏、军队、刑罚、监狱、战争、方域、贡纳、农业、渔猎、畜牧、手工业、商业、交通、天文、历法、气象、建筑、疾病、生育、鬼神崇拜、祭祀、吉凶梦幻、卜法、文字及其他。甲骨文卜辞的这一特征，与地方志极为相似。其四，"资料翔实，述而不论"。甲骨卜辞记事准确。清人王国维依据甲骨卜辞作《殷卜辞中所见先公先王考》，订正了《史记·殷本纪》中的错误。卜辞这种"补史之缺""参史之错""详史之略""续史之无"的特点，与方志的功用是一致的。总之，商代具备了产生方志的社会条件，史官所记而产生的甲骨卜辞，带有后世志书的某些特点，而方志的源头则应从商代史官找起。

■ 地方志的萌芽与《周礼》

西周是我国奴隶社会的鼎盛时期。周王朝代商而有天下，对商王朝的各种制度又有了比较重大的发展。周建立了庞大的统治机构，各种官吏日益增多，史官的地位也有了很大的提高，出现了大史、小史、内史、外史、御史等不同名称的官员；同时，由于社会经济的发展，各诸侯国为了统治的需要，如鲁、郑、齐、卫、晋、楚、宋、秦等国，也有史官的设置。正是这些中央王室和地方诸侯的史官及其有关官吏，随时记录了各地的事件与言论，保存了各自辖区内社会变化的现实情况。

春秋时期是中国由奴隶社会向封建社会转变的阶段。由于生产力的发展，使周天子无力控制日益强大的地方上的诸侯国。各诸侯国都卷入了争霸活动。为了争霸的政治需要，他们积极搜集对方的地形、物产等各种情报，励精图治，以期达到称霸目的。由于新的封建生产关系的出现，社会出现了巨大变革，各国统治者利用史官的记录为现实服务的要求更加强烈。各诸侯不但需要了解本辖区的各种社会动态，还需要随时了解周围各诸侯国的动向。因此，史官所记录的现状材料也就日益增多，内容愈加广泛。在春秋社会大变革的浪潮中，作为辅治之书的方志，便在奴隶社会的土壤里经过长期孕育之后破土而出了。

我们所谈的奴隶社会的方志，并不是后世所讲的定型的方志，而是方志的萌芽状态，或者说从中可以看到后世方志的影子。它只是具备了方志的某些特征而已。

由于社会动荡、战乱和人为的原因，使中国奴隶社会的书籍很少保存下来，特别是只记载某些地方现状的志书，由于时过境迁，更不被后人重视，即使有些被后人编入某些历史书里，也是面目皆非，淹没在史籍的汪洋大海里。这给我们研究奴隶社会的方志带来极大不便。然而，披沙拣金，仍然可以看到奴隶社会的志书。

据《尚书·多士篇》称："惟殷先人，有册有典。"可知殷代已有了书籍。《尚书》何时编成，因资料缺乏，难以断定。

在西周至春秋时代，已有许多书籍，其中不少就是以志命名或者以记称之。现分录如下：

其一，志：

上志——《吕氏春秋·贵公篇》《吕氏春秋·务大篇》。

志曰——《吕氏春秋·贵当篇》，《左传》昭公三年。

周志——《左传》文公二年。

郑志——《左传》隐公元年、昭公十六年。

前志——《左传》文公六年、成公十五年。

古者有志——《左传》昭公十二年。

史佚之志——《左传》成公四年。

邦国之志——《周礼·春官·小史》。

四方之志——《周礼·春官·小史》。

军志——《左传》宣公十二年、昭公二十一年。

其二，记（记，即志。《仪礼·聘礼记》《荀子·大略篇》引作《聘礼志》）：

上古记——《吕氏春秋·务本篇》

古记——亦作《故记》。《吕氏春秋·至忠篇》，《古记》曰：杀随兕者不出三月。《说苑·立节篇》曰：臣兄读《故记》，射科雉者，三月必死。

记曰——《管子·禁藏篇》。

春秋之记——《管子·法法篇》。

燕记——《方言》卷二《燕记》曰：丰人杼首。

此外，还有晋之《乘》，楚之《祷杌》、百国《春秋》等等（详见刘节《中国史学史稿》，第35—38页）。

上述诸书，因大都亡佚，无法断定即今世之方志。但从书名看，确实是有以志为其名者。

多年以来，许多名为《春秋》的书籍大都被认为是史书，其实未必尽然，从幸存至今的孔子所编写的《春秋》就可以看出它和方志有很大的关系。

孔子编写的《春秋》，是以鲁国为主的春秋时期的编年大事记。它记载了从鲁隐公元年（前722）到鲁哀公十四年（前481年）间，诸侯国之间的访聘、会盟、战争及日食、地震、山崩、大水、大旱等。孔子本人不是史官，本来是不能掌握史官平时所积累的材料，但由于他在鲁国当过官，加之又是著名教育家和学术家，与官府往来密切，所以他能得到利用鲁国及其他诸侯国的资料的机会。《春秋》不是孔子的创作，他只不过是对诸侯国史官平时积累的有关现状的资料加以编排删节而已，其目的是为当时政治服务。可以断定，各诸侯国史官对现状材料的积累，是孔子编《春秋》的基础。如果说《春秋》是一部史书，那么，这部史书恰恰是以各诸侯国史官对现状的记载为基础而编写成的。史称孔子修《春秋》时"得百二十国宝书"，即是指孔子看了120部志书。志是史的基础。如果没有对一个地区大量的现实情况的记载和积累，是不能写出史书来的。

方志的萌芽，可以从《周礼》一书中有些职官的职权范围中看得一清二楚。

《周礼》原称《周官》，记周王室的官制。马融、郑玄为其作注称《周官礼》，唐贾公彦为其书作疏始用《周礼》之名。此后《周礼》《周官》二名互用，于宋以后则基本上都称之为《周礼》。此书是西汉中后期始出的古文经，故历代为人所疑，后经学者王国维等人考证，此书中的官名，至迟不出春秋之世周王室及鲁、郑、卫三国官制的范围，没有受到战国官制的影响，惟各官的职掌有同于战国者。因此，我们可以借助《周礼》中记载的官制，探求春秋时志书的存在。

《周礼》载称：外史"掌《四方之志》"。郑玄注为："志，

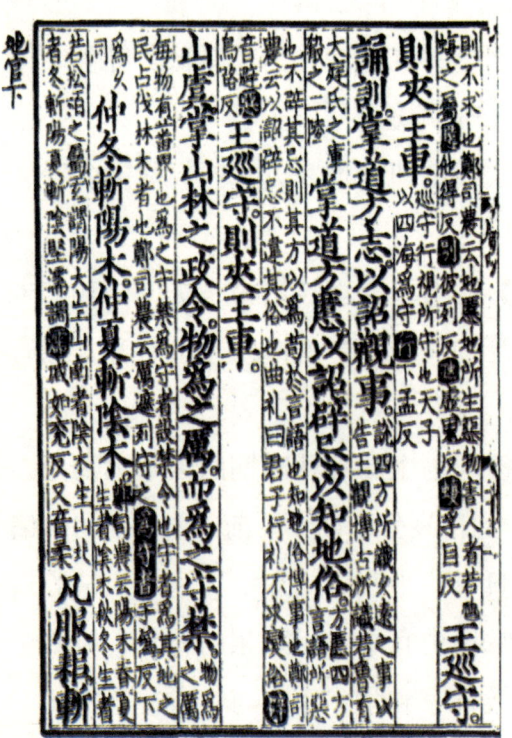

▲ "方志"一词最早出现在《周礼》中

记也,谓若鲁之《春秋》、晋之《乘》、楚之《梼杌》。"就是说,《四方之志》和鲁、晋、楚三个诸侯史官的记叙——《春秋》《乘》《梼杌》是相同性质的书籍,也具有志书的性质。《周礼》又称:小史掌《邦国之志》。郑玄注谓:"若《春秋传》所谓《周志》《国语》所称《郑书》之属也。"唐贾公彦解释为:"诸侯国内所有记录之事,皆掌之。"可知,《周志》应该是周为商代诸侯国时的地方志书。图是用图画来表明各地方的地理形象,也是后世志书中不可缺少的重要组成部分。我国地图源远流长,原始的地图可能在文字产生以前就存在了。西周、春秋时期,地图的使用已较为广泛。据《周礼》所载,周王朝中央设有小宰,其职责是"听闻里以版图";大司徒"掌建邦之土地之图,与其人民之数";"土训掌道地图,以诏地事";"职方氏掌天下之图,以掌天下之地,辨其帮国、都鄙、四夷、八蛮、七闽、九貉、五戎、六狄之人民,与其财用、九谷、六畜之数要,周知其利害,乃辨九州之国,使同贯利"。这些记载,可以看出其与后世方志的渊源。

《周礼》一书对后世方志影响很大。司马光认为:"周官有职方、土训、诵训之职,掌道四方九州之事务,以诏王知其利害。后世学者,为书以述地理,亦其遗法也。"

总之,在西周、春秋时期,中国分成几十个乃至几百个大大小小的诸侯国。大的占地几郡,小的辖区仅相当于后来的县。它们各自为政,周天子只是名义上的共主。各诸侯国史官对本国现状的记录,具备了志书的地方性和当时人记当时事的特点,于是形成了萌芽状态的方志。

■ 《禹贡》和《山海经》

《禹贡》和《山海经》是对后世方志有着巨大影响的两部典籍。

《禹贡》是《尚书》中的一篇,全书1200字左右,由"九州""导山""导水"和"五服"四部分组成。作者已不可考。儒家视其为大禹时代的作品。据有关专家考证,该书成于战国时代。在"九州"部分中,依据河流、山脉和海洋的自然分界,把所描述的广大地区分为冀、兖、青、徐、扬、荆、豫、梁、雍九州,按州记述了各地区的山川、河流、湖泽、土壤、田赋、特产、交通路线等方面的情况。此书是我国最早分地域记载各方地理、物产、贡赋等情况的专篇,被视为我国现存最早的一部全国性区域志,因此,受到历代修志家和论志家的重视。

后世方志,特别是全国性的区域志,在体例和内容方面都不同程度地受到《禹贡》的影响。唐李吉甫等纂《元和郡县图志》,就是仿照《禹贡》别九州之例,将天下分为关内、河南、河东、河北、山南、淮南、剑南、岭南、江南及陇右等十道进行记述的。宋代王存等纂《元丰九域志》,其全书结构及各路下分别条列本路地理、户口、土贡及属县等内容的写法,与《禹贡》对诸州的记述大体相同。元朱思本在其所撰《九域志·自序》声称:"暇日因取群籍,参考异同,分条晰理,一以《禹贡》九州为准的,乃以州县属府,府属都省,以都省分隶九州焉。"民国年间汪宗准、冼宝干等编纂的《佛山忠义乡志·赋税志》里明言:"志例有赋税名目,《禹贡》一书为赋税之祖。"从上述历代志家所言,足以说明《禹贡》一书在方志史上的地位。

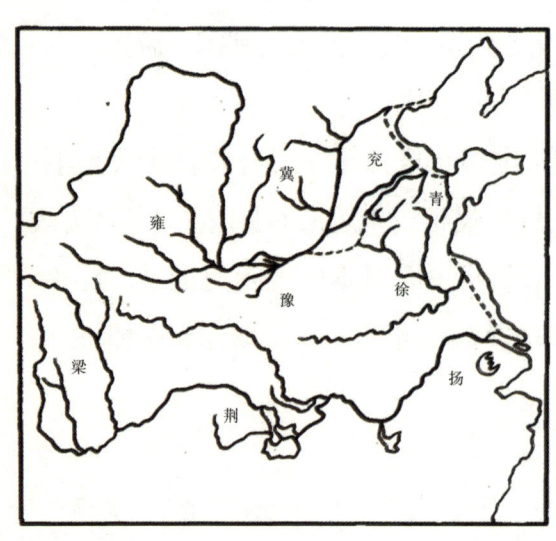

▲《禹贡》中的九州图

《山海经》是我国

现存最古老的一部地理书。其作者不详，自西汉以来的正统说法，认为是大禹、伯益所记，实际上不是出自一人之手，也不是一时的作品，大约先系口头传说，经战国、秦，大抵在汉代成书。其内容包括《山经》《海经》《大荒经》等三部分，共18卷，约3万余字。其中《山经》5卷成书最早，记载也最丰富。全书以山为纲，展开叙述。《山经》共记载了400多座山，先按方位分为南、西、北、东、中五区，每一区又分成若干山系，再以方向道里为经纬，把每个山岳连接起来，附载山区特有的矿产、植物、飞禽、走兽的名称、形态和用途，还有民族、祭祀、巫医、怪异等方面的内容，保存着丰富的资料，对古代历史、地理、民俗、文化、神话等研究，均有较大的参考价值。

我们说《山海经》与后世方志关系密切，是出自两方面的原因。其一，不少方志作者叙述纂修缘起时，往往同这部书联系起来。宋欧阳忞在《舆地广记》自序中提道："凡自昔史官之作，与夫山经、地志，旁见杂出，莫不入于其中。"《隋书·经籍志》也认为：南齐时，陆澄集《山海经》以来160家之说，"依其前后远近，编而为部，谓之《地理书》。"清代纪昀在《四库全书总目·史部·地理类序》中认为："《元和郡县志》颇涉古迹，盖用《山海经》例。"其二，从后世方志所记载的内容来看，也和《山海经》有着某些联系。《山海经》所记风土、人情、人物、世系，与后世方志风俗、人物门类一脉相承；后世方志载有异闻、碑碣、祠庙、仙事等内容，与《山海经》所载祭祀、巫医、怪异，也都有相通之处。

总之，《山海经》和《禹贡》一样，在中国方志发展史上有着较大影响。

第二节　地方志的功用、现存情况及种类

■ 地方志的功能作用

地方志的功能作用是多方面的，概括起来，就是我们常说的"存史、资治、教育"。现分以下几方面加以阐述。

1. 保存历史，鉴往知今

我国自古即有编修史书的优良传统。受其影响，历代地方官吏及乡绅名士亦将当地社会、政治、经济、军事等方面的重要状况和重要事件记载下来。这样，方志也就具有地方史的性质，并为国史提供珍贵的史料。章学诚即曾概括方志可以"补史之缺，参史之错，详史之略，续史之无"。唐代云南地方志《蛮书》，记载了西南边陲南诏国的基本情况，以后宋祁撰《新唐书·南蛮传》，司马光著《资治通鉴》，其中关于南诏事，均据《蛮书》所载。清初顾炎武，阅一千余种方志，撰写了《天下郡国利病书》。清钱大昕《辽史拾遗》、陆心源《宋史翼》、朱彝尊《日下旧闻》等所据资料，也是从大量地方志中得来的。现今罗尔纲主持太平天国资料编辑委员会，汇辑了1200万字的太平天国史资料，其中即征引730种方志记载。赵景深、张增元合著的《方志著录元明清戏曲家传略》，即从1004种方志中辑出三朝戏曲作者和戏曲理论家658人，罕见曲目一百余种，为我国戏剧史填补了空白。

方志既有地方史的性质，也就具有鉴往知今的功能作用。明代杨宗气嘉靖《山西通志》序中即称："治天下者，以史为鉴；治郡国者，以志为鉴。"清《吏治悬镜》规定，新任官吏就任，奉行二十三条中的第三条，即系"览志书"。

2. 明察地情、裨益民生

地理环境是人类赖以生存、得以发展的重要条件。国家进行行政治理、生产开发等，均需以地情为据。因此各地的自然地理、人文地理，历来是地方志的重要内容。举凡疆域、沿革、区划、山脉、河流、湖泊、堤坝、关隘、津渡、驿道、土地、气象、物产等，均载入志书。物质生产及经济活动，更为志书所不可或缺。明李维桢《高平县志·序》即谓："国计民生，务之重者也，则必详。"章学诚亦强调方志必须"志民生之休戚"。由于历代方志中载有以上关系民生的重要资料，中华人民共和国成立后，地质部即从方志中辑成《祖国两千年铁矿开采和锻冶》《中国古今铜矿录》；中央气象台亦从大量方志中辑成《五百年来我国旱涝史料》；中国科学院地震工作委员会则据五千余种方志，编出《中国地震资料年表》。此外，尚有北京天文台根据方志资料编成的《中国天象记录总表》等等。

▲ 李维桢像

3. 褒正抑邪，有助风教

方志传统目的之一，在于彰善瘅恶、褒正抑邪，树"立德、立功、立言"者为社会楷模，导使后人"见贤思齐，见不贤而自省"。章学诚谓："史志之书，有裨风教者，原因传述忠孝节义，懔懔烈烈，有声有色，使百世而下，怯者勇生，贪者廉立。"因而历代方志均记载当地杰出精英及民间有影响的人物。人们披阅之余，必定油然而生恭敬桑梓之情。但旧志修纂者因限于封建立场及封建道德观念，所以，立传人物多从忠、孝、节、义及美化统治阶级出发。对此，我们应持分析态度。今天我们编修新志，是以社会主义道德规范，向人们进行革命传统和社会主义思想教育。志中汇集各个领域为人民作出卓越贡献的英雄模范和杰出人物，以及为革命英勇牺牲的革命先烈。其感人事迹和优良品德，必将激励人们更加热爱祖国，坚定不移地为建设有中国特色的社会主义努力奋斗。

■ 地方志的现存情况

据《中国地方志联合目录》统计，现存历代方志 8264 种。加之《目录》中未著录的 9 种，应为 8273 种。现按志书纂修朝代、所属省区分列如下：

1. 按方志纂修朝代划分

汉代：1 种　　　　晋代：2 种
南北朝：3 种　　　唐代：5 种
宋代：29 种　　　 元代：9 种
明代：942 种　　　清代：5701 种
民国：1581 种

2. 按方志所属省区划分

北京市：55 种　　　　上海市：139 种
天津市：26 种　　　　河北省：567 种
山西省：431 种　　　 内蒙古自治区：48 种
辽宁省：130 种　　　 吉林省：93 种
黑龙江省　65 种　　　陕西省：402 种

甘肃省：198 种　　　　　宁夏回族自治区：32 种

青海省：39 种　　　　　　新疆维吾尔族自治区：81 种

山东省：541 种　　　　　江苏省：540 种

浙江省：592 种　　　　　安徽省：379 种

江西省：477 种　　　　　福建省：315 种

台湾省：49 种　　　　　　河南省：529 种

湖北省：332 种　　　　　湖南省：401 种

广东省：396 种　　　　　海南省：50 种

广西壮族自治区：320 种　四川省：672 种

贵州省：139 种　　　　　云南省：288 种

西藏自治区：44 种

3. 按方志级别划分

通志：130 种

府志、直隶州志、直隶厅志：1039 种

县志、散州志、散厅志：6595 种

乡镇志：326 种　　　　　其他：183 种

■ 地方志的基本种类

历代疆域地区名称的变革，产生了各级地区的方志种类。清人储元升说："地志有四，曰一统志，曰通志，曰府志，曰县志。就其中惟县志为地未甚广，记载较详。"章学诚《方志辨体》一文，也只谈了对于省、府、州、县各级地区方志的区分界限。清人还没有将各种地方志的类别作出全面的处理。总的来

▲ 章学诚像

说，地方志可分为总志、通志、府志、州志、厅志、县志、关镇军志、道志、卫所志、土司司所志、盐井盐场志、乡镇志、乡土志、侨置志等十四类。兹分述如下。

1. 总志

这是记全国疆域区分的书，是综录全国郡县志书编成的。如唐李吉甫编《元和郡县图志》，体裁宏伟，《四库全书》列为史部地理类之首。后来郡县修志，仿用它的体例，因而郡县志书体例也比较完整。

2. 通志

或称大志、全志、省志、省图经、省会要等。省的设置，始于元置行中书省。明清时的布政使司，也是管理一省行政。宋有路图经，等于一省的方志。通志之名，大抵始于明时为布政使所修，执笔者多数为学政。清时的通志，有的出于管理二省的总督所主修，也有出于巡抚主修。此外还有私人撰写的省志，如《满洲源流考》《柳边纪略》《吉林外记》《黑龙江外记》《蒙古地志》等，虽不以通志或省志为名，实际上都是记载一省事物的书。又如《盛京通志》是奉天府尹所修，而统记今东北三省。因清光绪以前，关外尚未改制，由盛京昂邦章京管辖，以故盛京修志，也仿总督、巡抚修志之例，称为通志。

3. 府志

又称郡志。府志为知府主修。府的名称，始于唐代，大州称府，属于道。宋制，府隶于路。元制，有的隶于行中书省，也有下隶于道或路。明、清制，隶于布政使司。又明制以应天、凤阳、顺天三府，直隶南北两京；清初以盛京、顺天直隶京师，设官称府尹。府尹所修的府志，都用都会志体例，与知府所修的府志不同。又有私纂的郡府志，如何三畏《云间志略》，吴履震《五茸志逸随笔》，徐崧、张大纯《百城烟水》，记松江、苏州二府事，"名异体殊"，不过是记载一郡的人物掌故而已。

又如宋王十朋的《会稽三赋》，清陈文煜的《吴兴合璧》，用辞赋文体，骈俪文体，写一郡的地记。

4. 州志

州志是知州所主修的方志。元、明、清的疆域制度，以邑之大者为州，小者为县。明、清制，州隶于府，也有直隶于道或省；或领县，或不领县。州的名称很悠久，尧时分九州。宋、齐、梁、陈以州领郡。隋又改郡领州。唐、宋制度，州犹如明、清的一府。

5. 厅志

厅的地方制度始于清，府以下设厅。厅又分直厅、散厅，都派同知或通判管理。直厅如同州县一样直隶于府，散厅为府的派出单位，或无专管地方。按《大清会典》载："凡抚民同知通判，理民同知通判，有专管地方者为厅。其无专管地方之同知通判，为府佐贰。"清代的厅大抵设在特殊区域，派官专管。如盐茶厅，等于明之牧厂，是专管经济行政的。民国初设有太湖厅，由江浙督军互管，是一种因治安防盗设置的地方组织。

6. 县志

县志是记一县事物的方志。所谓省、府、州、厅、县志，县为地方最基层单位，领地不广；故县志记载最详，省、府修志，必以县志为基础。我国春秋时期就开始有县的行政区划，明、清时县属于府，或属州。民国初县属于道，道废属省。县志除官修外，私人编纂的很多，体例也最繁，不胜枚举。明代官修的《凤阳新书》，也是县志。因凤阳为明太祖"沐邑"，此书为京兆知县主修，采用京兆志书体例，故称《凤阳新书》。又如《曲阜县志》，为曲阜孔氏世袭知县主修，首载孔氏世系，体例和其他的县志也不同。又如《陇西分县武阳志》《打拉池县丞志》《宝山江东分县志》等，都是分县的志书。分县制度始于清代，在大县的僻壤区域，派县丞专管这地区而设分县，故分县志，又称县丞志。分县制度未见明规典则，甘肃一省，有分县共九个；接近上海的宝山县，也设过江东分县。这类分县志书今存不多，是研究疆域制度的好材料。又有二县合并记载的志书，如《无锡金匮县志》《上元江宁两县志》《常昭合志》（常熟、昭文两县合志）等。

7. 关镇军志

关镇军卫所是军管区，又兼理地方行政，不是行政区划，关镇军志的体例也与一般地方志不同。严格说起来，不是属于地方志范畴，但很有参考价值，所以方志也把它列入。关镇，唐、宋时称军。《通志》载："宋朝之制，地要不成州，而当津会者，则为军。"宋有《江阴军图经》《广德军图经》《遵义军图经》等，多佚。明代关镇志最多，大概因明时各省布政使司多修有一省的通志，因是关镇守将也修志记其防地情况，关镇志书由是而兴。关镇志体例，以记疆场城塞、兵马刍粮为重点，也兼记防地风俗、物产、古迹、祠庙、人物、艺文等等。书首必列防地的详细地图，或专以舆图和图说编成。

8. 道志

设道的制度，始于唐代。唐太宗因山川形势的便利，分天下为十道，道等于一省的地方。宋改道为路。元制，行中书省以下设道、路、府、州、县。明、清制，省以下或设分道，则因事设立，置废无常。明、清的道志，出于分守道，或兵备道所修。出于分守道所修的，体例如同省、府志。出于兵备道所修的，体例如同关镇军志。

9. 卫所志

卫志、所志始于明时。明初军卫所制度，在京畿建五军都督府，统领在全国分设的十五个都指挥使司，都指挥使司领管卫，卫领所，卫所等于州县。《明史·兵志》说："明以武功定天下，革元旧制，自京师达于郡县，皆立卫所。外统之都司，内统于五军都督府。"清因明制，不废卫所。卫所有专志，如《金山卫志》《蒲岐所志》《崇武所志》等。

10. 土司司所志

土司修志，明时已有，如《古今图书集成》内所录的《大渡河土千户所志》《天全六番招讨使司志》，都修成于明代。土司制度由来已久，唐、宋时称"羁縻"州。元时于行中书省以下设有蛮夷宣抚司、安抚司、招讨司等，管理土司。《明史》有"土司传"。

▲《明史》作者张廷玉像

明、清时在湖广、四川、云南、贵州、甘肃等省，凡少数民族聚居地方，都设立土司，世管其地。宣慰、宣抚、长官等司，千户、百户都是武职，土知府、土知州、土知县，与州判、吏目等，都是文职，通称土司。土司所修的司所志，体例大抵和州县志相似，唯书中有兼记土司家世渊源一门。

11. 盐井盐场志

盐场不是行政区划，盐场志也不能一概算是地方志，要做具体分析。盐井志独见于云南一省，云南有九个盐井，以黑、白、浪三井最为有名，都有盐井志。管理盐井的制度可上溯到元代。元朝开始派官管理，但只是专管盐务。明朝于盐井区设官称提举司，管理井区地方，兼理井区人民的民刑讼务，其职权等于知州官。清朝因明旧制。康熙时因修一统志，要求府、州、厅、县编纂志书。这时云南黑盐井提举沈懋价认为盐井的官制，同于州县的官制，不可没有志书进呈。因此主修一部《黑盐井志》，盐井有方志自此开始。盐井志体例，除了特立盐务一门外，其他体例基本上和州县志相同，有天文、舆地、古迹、物产、风俗、衙署、学校、祀典、人物、艺文等类。盐场大都设在沿海地区，和盐井同属"职方"之制。如江苏省《小海场新志》就是一部盐场志。据此志所载，盐场设官称场司，与知县职同。场的盐课直属于布政司，田赋属于泰州知州。

12. 乡镇志

乡镇志书，由来久远，由古代记山川故实的"地记"发展而来，有的以乡镇名称名其书，也有用山川的名称名其书。梁代吴均的《入东记》，是以乡名名书的，宋代常棠的《澉水志》，是以川名名书的。明、清时江南私家纂的乡镇志最多，有称乡志、镇志、村志、里志、场志、坊志、团志、都志等等，都以县以下各个地方聚落的名称命名。也有以湖沼岛屿的名称名其书，如《具区志》《分湖志》记载江、浙两省间沿太湖、分湖之郡县，但不载城厢事迹，也属于乡镇志的类型。这类志书和山川志很难分辨，大体上重在记载地方故实、物产、人物、艺文的是乡镇志，而专叙山川脉络、水利漕运的是山川志。如《浯溪新记》《湖阴汗简》《海珠记》《小琉球漫志》（小琉球是台湾凤山县的一岛）等书，是以湖沼岛屿的名称名书的，但都是写地方故实的，应属于乡镇志的范围。设乡镇的地方制度，由来很古。《周礼》载六乡，秦制十里一亭，十亭一乡。镇的名称，宋代始有，宋制："使民聚不成县，而有税课者，亦为镇，或以官监之。"明、清的制度，凡是乡镇，都是县的下属地方单位。

13. 乡土志

乡土志创始于清朝末年，因预备立宪，需要观察民俗，因而征求各省、府、州、县编写进呈，约有五百多种，省、府、州、县以至村镇，各级都有。辛亥革命后散布民间。民国以后编的也有。书名或称乡土教科书，也有仍用县志名称的，如《明江县志》就是乡土志的编例。这类志书，大抵都是草率成篇，也没有规定体制。考其原委，清末仿外国学校，设乡土一科，开始编乡土教科书，作为学校课本，逐渐演变为呈报地方情况的乡土志。但在这以前也有类似乡土志性质的书。明万历时为编"实录"，征求名郡大邑编纂反映地方情况的志书呈报。如明代杨循吉曾编《苏州府志纂修辑略》进呈，清代周凯编《襄阳必告录》，这二书的内容体裁，和近代的乡土志很相似。所以乡土志的产生，不是完全模仿西方，在我国也自有渊源来历。

14. 侨置志

侨置又称侨立，始于东晋。《晋书·地理志》序说："自中原乱离，遗黎南渡，并侨置牧司在广陵、丹徒南城，非旧土也。"南齐侨立汝南，领三郡。《隋书·食货志》序说："晋自中原丧乱，元帝寓居江左，百姓之自拔南奔者，并谓之侨人。皆取旧壤之名，侨立郡县，往往散居，无有土著。"当南北朝时，南北分裂，各国都侨立州郡县，不是江南所独有；以致全国州郡地名混乱，给治历史地理工作者增加了困难。清代顾祖禹早有见于此，他在《读史方舆纪要》凡例中说："若夫晋弃中原，南北淆乱，州郡县邑，纷纭侨置。河南有广陵、丹阳之名，江渚有晋阳、太原之号。又疆场战争，得失屡变，荒左依附，有无顿歧。循名责实，大都湮废。余力为考订，其引据不诬，义类可据者，悉为采入。至传闻互异，史氏浮靡。或地名相同，而方域绝异。地名本异，而里道正同，千里毫厘，未尝敢忽也。"顾氏对侨置郡县、疆域建置等问题，是做过一番深刻的研究的，他的《读史方舆纪要》中收集了很多侨置方志的资料。清代洪亮吉著《十六国疆域志》，他的第三子龄孙又著《补梁疆域志》，同邑臧励和著《补陈书州郡志》，对侨置州郡县都做了一些考据。清代钱大昕《与徐仲圃书》（徐文范，字仲圃，著《东晋南北朝舆地表》)对于东晋、南北朝的侨置州郡,很有研究发明。他说:"晋世侨立州郡,皆不系以南名,义熙恢复故土。乃有北徐州、北青州、北彭城、北琅邪、北东海、北东莞、北颖川诸名,而在南州郡犹仍故名。至永初受禅后始诏去北加南。而晋志往往称南徐、南兖、南豫、南青,又谓元帝置南东海、南琅邪等郡,明帝立南沛、南清河等郡。盖唐人不学,误仍宋志追称之词,以为晋时已有此名耳。沿袭千有余年,至仆始悟其失。"钱氏此说,顾、洪均未言及。但钱氏对东晋、南北朝侨置州郡的考据,因苦无质正,未曾下手。到现在,完整的侨置方志一部也没有发现,只有辑本。《隋书·经籍志》《新唐书·艺文志》都著录侨置志书,但其书名未注明南北或侨置者,则无从考定。张国淦《中国古方志考》中,所考录的晋阳、太原、丹阳等志也无法考定其实际方域。《汉唐地理书抄》有辑本《南兖州记》,阮叙之纂。案汉广陵郡,晋元帝时侨置青、兖二州,刘宋元嘉八年改为南兖州,齐、梁、陈因之。但《南齐书·州郡志》载:"侨立汝南,领三郡。"宋、齐、梁、陈以州领郡,汝南为州,领三郡,南兖既为宋置,何为不称北兖而称南兖,这是可以研究的。近人叶昌炽辑《南兖州记》《南徐州记》。《南兖州记》辑录《草堂诗笺》卷八一条:"瓜步山东五里,江有赤岸,山南临中江,涛水自海入江,冲激六七百里,至此岸侧势始衰。"《南徐州记》辑《草堂诗笺》卷八一条:"京口,《禹贡》北江也。春秋兮朔辄,有大涛至,激赤岸尤更迅猛。"按晋南渡后侨置兖州治于广陵,后又移治淮阴。此记和《南徐州记》一条,是记今镇江沿江地域。南朝改广陵为汝陵州,南兖、南徐属汝陵州,州领郡,为何称南兖州、南徐州,而不加郡,这是个疑问。

关于侨置方志的研究,至今未见原本的侨置志书,只有先做辑佚工作,加以精详考据。有些类书中的片条辑录,本来已有错误。致误的起源在于沈约所修《宋书·州郡志》。唐人修《晋书》，沿沈约之误。后来侨置志书的辑本，书名很混乱，如隋唐经籍、艺文志所著录的南兖州、南徐州等，以为晋时已有此名；而不知至永初受禅后始诏去北加南，实际上称南称北，同为一地。顾祖禹对南北朝地名的方域早有疑问。研究侨置志书的方域，不可以书名决其所在，而须从道里乡村与城池相距里程的里数去推求，因乡村名、道里数不能两地完全相同，乡村名称也绝少变易。道里之数，则每代不同。考证南北朝侨置志书，不可单纯依据正史的地理志和艺文志，因唐人修《晋书》以来相互沿误于沈约《宋志》。当以《元和郡县图志》为主，因这书主要是汇集原材料，不是重撰，重撰容易变动本来面貌。采用各种材料须与《元和郡县图志》及《读史方舆纪要》对照，这两书所采材料都比较确实。《读史方舆纪要》最好采用李兆洛校本，因李兆洛用全国方志和经史书籍做过核对校正。关于各级地方志的类型，除以上提到的以外，还有里志、岛志等，这里就不介绍了。乡土志、侨置志的性质不同于各地区志，需作专门研究。

第三节　地方志学基本发展概况

■ 地方志学的形成与发展

1. 清以前方志编纂理论发展概况

方志编纂理论的产生、发展，以至方志学的系统形成，是和历代修志实践活动密切关联的，是与地方志书的形式、内容、功能作用的发展变化紧相依从的。

隋唐以前有关方志编纂的理论，缺乏直接的文献记载，并且传世的志书又如凤毛麟角，很难考证。只是到魏晋之后，由于一些史家参与了地记的撰修，如晋陈寿就曾撰有《益部耆旧传》《巴蜀耆旧传》；东晋袁山松撰有《宜都山川记》；南朝刘宋史家王韶之撰有《南康记》《始兴记》《吴兴山墟名》《吴郡疏》等。史家的介入，使志书与史书的联系密切，并且一些史学有关理论也被引入到志书编纂实践中来。

从现存的零星记载来看，这一时期的方志编纂理论涉及范围不广，开掘的深度也不够。究其原因，首先是方志理论研究从一开始就没能以独立姿态出现，而是紧紧依附于旧史学和地学之下，而史学与地学尚刚刚脱离经学的羁绊，要想方志编纂理论有系统发展是不可能的。其次是志书尚未定型，并且内容又多比较单一，也很难开展系统研究。

隋唐以后，封建统治阶级意识到志书对维护封建政权的政治功能作用，开始加强了对修志工作的控制，并建立了较系统的官修制度。官修制度建立的结果，一方面形成了全国普修志书的局面；另一方面则促进了人们对志书编纂理论的研究。

两宋时期，图经由盛转衰，正式地方志开始产生和逐渐趋于定型。由于定型地方志的产生和得到社会的认同，再加之封建史学理论系统的建立，当时人们对志书编纂理论的研究与探讨风气逐渐变盛，并且涉及的范围日益广泛。诸如方志起源、功能作用、编纂的意义、内容的收录、资料的考证等问题，宋人都有所探求。

元明时期，特别是明代，不仅是中国方志编修兴盛时期，编就了数量众多的志书，而且在方志编纂理论研究方面，也达到了一个新的水平，并影响了清代方志学派的产生。

明人在将志书列入史书范围的同时，一些志家还辨析了史、志的关系与异同。明人辨析史、志之间的异同，是方志编纂理论研究方面的一个进步。

2. 清方志学派的形成

清以前，历代志家，特别是宋元明时期的志家们对方志编纂理论虽多有所建树，但总体说来，这些见解与认识多散见于志书的序跋之中，难成系统。直至清代，始由章学诚完成了方志学科的建树。

章学诚（1738—1801年），字实斋，会稽（今浙江绍兴）人，乾隆四十三年（1778年）进士。章学诚是乾嘉时期著名的史学大师，他所著的《文史通义》，与唐代刘知几的《史通》并称为史学理论名著。章氏进行的志评工作，也是他对中国方志理论研究的一个重要贡献，为后人打造了一个良好的开端。

清代除章学诚之外，还有以戴震、洪亮吉、孙星衍等为代表的"地理学派"出现。对于此派特点,朱士嘉在《清代地方志史料价值》一文中,概括总结为四条:(1)修志者当无语不出于人,详注出处,以资取信;(2)"贵因不贵创";(3)"信载籍而不信传闻";(4)重视地理沿革的考证。这四条基本反映了地理学派的方志编纂理论。

3. 民国时期的方志学研究

民国时期方志学研究工作取得了可观的成绩,特别是一些方志学专著的问世,标志着民国时期方志学研究达到一个新水准。

民国时期的方志学理论之作,主要有李泰棻《方志学》、傅振伦《中国方志学通论》、甘鹏云《方志商》、黎锦熙《方志今议》、寿鹏飞《方志通义》、吴宗慈《方志丛论》等。此外,民国时期的一些刊物,如《禹贡》《东方杂志》《地学杂志》等,也刊载了不少方志理论研究文章。

民国时期,方志学理论研究呈现了如下几个特点:第一,对清代章学诚的方志学理论进行了系统的整理和研究;第二,对方志的科学价值予以高度重视;第三,民国方志理论具有民主主义思想特色。

4. 新中国成立后的方志学研究

新中国成立后的方志学理论研究工作的开展与成果,可以说超越了历史上任何一个朝代,取得了前所未有的成绩,呈现了新的特点。这些特点概括如下:(1)理论研究具有正确、稳定的方向;(2)理论研究课题广泛;(3)理论研究与修志实践相结合,理论与纂新相结合,可以说也是新中国成立后方志学理论研究的一个显著特点;(4)形成了一支多层次的理论研究队伍。

新中国成立后,由于广大方志学理论研究工作者的努力,使得方志学的理论研究获得了远超前人、颇为可观的成果。

地方志学的学科地位

对于方志学的学科地位,学术界的认识尚有不同的观点,未趋一致。一种意见认为方志学目前尚不具备独立的条件和基础,应当隶属于相关学科之下。从旧方志学产生之日,就有所谓历史派、地理派之争。当今则有"史学分支""行政管理学的一部分""区域地理学"等说法。这些说法尽管对方志学属性认识不一,但有一点却是一致的,即都否认方志学是一门独立的学科。另一种意见认为方志学应是一门独立的学科。主张方志学科独立的意见虽说是近几年的事情,但目前却颇有市场,大有日渐其上之势。很多人认为社会实践的需要和当代科学高度分化与高度综合的趋势,以及方志学特有的研究对象,使方志学已渐向一门具有边缘性质的横向综合性学科发展。

方志学理论的产生与发展,是伴随着方志编修实践而发展的。方志编修在唐以前,受地学影响较大。两宋以来,则受史学影响较深,特别是清代章学诚强调"志属信史""志乃史体",将方志学纳入史学范畴以后,一直到民国,人们多认为方志学是史学的一部分,在修志实践中这一观点影响至深。客观而言,方志学虽创自章学诚之手,但正式提出"方志学"一词,并以方志学作为一门专学进行研究则自民国时期始。民国时期各家方志学理论,基本上仍祖述章氏,置方志学于史学门下。旧方志学理论的研究与发展是极其缓慢的,不仅与方志悠久的历史不相称,而且也远落后于史学的发展。因此,人们批判旧志发展缓慢,自宋以后中国方志内容、形式很少变化的原因,除政治、经济、文化诸因素之外,方志学理论发展缓慢、不具独立学科地位和严重脱离实践不能不说也是一个主要原因。

时至今日,特别是经过新中国成立后两次大规模的修志实践,方志学有没有独立的必要和可能呢？任何一门学科的独立，都离不开社会实践的需要和特有研究对象与客观条件的形成。就社会实践需要而言，新志内容事涉百科，兼及自然、社会的方方面面，已远远超出史学或地学的范围。如果仍将方志学置于史学或地学之下，史学或地学的理论已不足以完全说明和解决新志编修工作的许多问题。另外，从现代科学发展的实际情况来看，现代科学的发展已呈现出高度分化与高度综合的趋势。目前方志学的研究已呈现了横向、综合的特点。学科理论的现代化、学科研究方法的现代化和学科研究手段的现代化、学科内容的综合化，也客观要求方志学从史学或地学的门下独立出来，这不仅是客观现实的需要，同时也是现代科学发展的必然结果。

就方志学的研究对象而言，中国地方志在其漫长的历史进程当中，不仅类型日丰、内容日趋综合、体例越演越精，而且还形成了志书所特有的综合性、区域性、连续性、资料性的基本特征，创立了不同于史书或其他书籍的独具特色的体裁形式。同时方志的编修工作已不再是少数封建官员和文人的事情，而成为一种群体的文化事业和两个文明建设的重要组成部分。方志学是以方志、方志事业及相关因素作为自己的研究对象，既有不同于其他学科的特定研究对象，又有界分清楚的研究范围。

就客观条件而言，方志编修的悠久历史，为我们积累了相当丰富的方志学遗产，而新中国成立后两次大规模的修志实践，又为我们总结和积累了大量丰富的有生命的有关新志编修的经验和理论。这样就为我们在继承前人成果的基础上的创新提供了可能，为方志学科的系统建立奠定了基础。另外，全国方志学理论研究的队伍与机构已经系统形成。从中国地方志指导小组到地方各级修志机构遍及大江南北，特别是从全国到地方的各级地方志协会及各专业志研究机构的设立，使方志学科的研究获得了广泛的群众基础，初步形成了一支不同层次、为数众多，既有理论又富修志经验的专业队伍，为方志学科的研究深入和发展，提供了可靠的组织与人员的保证。

综上所述，无论是从客观社会实践的需要，还是从方志学科研究对象和客观条件的形成来说，方志学都已经发展到寻求自己独立学科地位的时候了。任何一门学科在科学殿堂中的地位，都是由其本身决定的，受客观因素的制约。因此，方志学应当是一门具有边缘性质的横向综合的独立学科。确立方志学科的独立地位，无论是对指导新志编修实践，还是学科理论体系的建立，都具有重要的现实意义。

地方志学的研究对象

方志学作为一门专门科学，同其他学科一样，也有着自身特定的研究对象和研究内容。毛泽东同志在《矛盾论》一文中指出："科学研究的区分，就是根据科学对象所具有的特殊的矛盾性。因此，对于某一现象的领域所特有的某一种矛盾的研究，就构成某一门科学的对象。"编修新志不仅成为中国社会主义物质文明和精神文明建设的一个重要组成部分，而且从地方到中央还都设立了各级相应的常设修志机构，一改旧时代志局随设随撤的局面，第一次使方志编修工作成为一项文化事业。因此，新方志学的研究范围远较旧方志学广泛，它是以方志、方志事业及其相关因素作为研究对象的。这个研究对象决定了方志学科的性质、内容及学科理论体系的建立。

方志学科的研究对象，大致可概括为如下几个方面：

1. 对地方志书本身的研究

对地方志书自身的研究，就是要从多方面弄清方志到底是何种事物。不仅要研究地方志产生和发展的历史与规律，搞清它的起源和发展演变过程，而且还要系统地研究各个历史时期及不同类型志书的名称、体例、内容、形式、性质、特征等方面。

2. 地方志编纂原则及方法的研究

方志编纂原则的研究，是对方志编纂目的及意义、思想指导原则、编写原则的研究。对方志编纂原则的研究，是方志学科重要并急需解决的主要课题，它从总体上规定着志书的方向。

方志编纂方法的研究，即志书具体编纂技术方法和手段的研究。诸如志书篇目设计、志书总体结构安排、志书各种体裁的特点与作用、志书具体的表现手法和技术手段、志书文字的表述、文风的要求、志书总纂及审议的方法与内容等。方志编纂方法决定着志书的具体形态，体现在志书的最终成果之中。

3. 对地方志编写组织工作的研究

当今方志编写工作已成为一项复杂的系统工程，既非一两个人所能承办，也非短时期可就，要经过一系列的组织工作。对方志编写组织工作的研究，包括修志机构的组建、编写班子的构成与选配、队伍的培训与组建、编写工作的协调与组织、编写工作的内外交流等方面。客观而言，前人在这方面总结的遗产并不是很多，再加之社会制度不同，因此，对有关方志编写组织工作方面，还有待我们这一代人深入地探讨。

4. 对地方志应用的研究

对方志应用的研究，即研究新、旧志书及在修志过程当中，搜集到的资料和信息如何服务现实及产生社会效益的问题。诸如旧志资料的科学价值与局限、志书的收藏与编目、撰写方志提要、编辑专题资料汇编、编制方志索引、社会效益调查、国内外方志研究工作的文化交流等等。搜集、整理、利用新、旧志书及有关资料为现实服务，是一项极其艰巨而又十分必要的研究课题。

5. 对方志学发展史的研究

从早期的方志编纂思想到方志学科的形成，其间既有许多经验和教训可供总结，又有扯不断的联系和继承。研究新、旧方志学自身形成和发展的历史与规律，研究各个历史时期的方志编纂思想及理论著作，研究历代方志学家的思想和流派，对方志学科的研究方向、思维方法、研究手段的确立，都有着十分重要的现实意义。

6. 对方志领域相关因素的研究

方志学的研究对象及内容，决定了它与许多学科具有密切的关系，涉及众多学科。如历史学、史料编纂学、自然地理学、历史地理学、人文地理学、经济地理学、社会统计学、社会学、民俗学、考古学、政治学、经济学以及有关的自然学科。同时，方志实际编修业务也需同社会有关部门发生这样或那样的联系。如与图书馆、档案馆、博物馆等有关部门的关系等。因此，对与方志领域有关因素的研究，也是方志学科的研究对象之一。

方志学的研究对象是近几年人们探讨较多的问题，在认识上也存有一些差异。究其原因，一是人们对方志事业因各人的角度、认识方法不同，而结论也就不相同；二是由于方志学科研究对象本身还在发展、变化，本质属性尚未被充分揭示。方志学科的研究对象只能在解决方志领域中的矛盾与问题的过程中，逐步地明确起来。弄清这个问题对深入揭示方志学科的性质、内容，推动学科发展，具有重要的意义。

■ 地方志学的体系结构

方志学是各个分支方志学科的总称。随着新志编修实践的深入及现代学科的渗透，方志学科的研究内容在不断扩大，这就促使方志学科不断出现新的分支学科。就目前研究的实际情况来看，方志学科的体系结构似可做如下的描述：

1. 普通方志学

普通方志学是研究方志、方志事业及相关因素的基础理论、原理、特点和方法及规律的一门学科。研究内容包括方志性质与功能、旧志整理、方志编纂理论、事业组织建设原理与运行体制、方志编写工作原则与机制、未来发展趋势等方面。此外，普通方志学还应包括方志及方志学发展史的研究。普通方志学的学科特点是比较综合广泛。

2. 专科方志学

专科方志学是专门研究各种类型志书及其特点、规律的方志学，研究的对象可以是就各类型志书的总体研究，如省志、市志、县志、专志、杂志、厂矿志等。研究它们的编纂形式、特点、体例、方法等。也可以是就志书的某一组成部分的分体研究，如概述、大事记、地理志、经济志、政治志、文化志、社会志、教育志、人物志等的研究。在20世纪80年代修志实践中，专科方志学的研究比较活跃，出版了《专志编写》《学校志概论》《县志编修探微》等书。

3. 应用方志学

应用方志学包含两个层次。其一是以方志编写工作为研究对象。包括资料搜集与管理、方志目录、方志提要、方志索引、服务社会、志书编写等内容。其二是方志学原理与有关学科某些应用研究的结合，如方志编纂学、方志史料学、方志统计学、方志目录学、方志批评学、方志美学、方志民俗学等等。近几年来，方志编纂学研究较深，成果也丰。由于新志评议活动的普遍发展，促进了人们对方志批评学、方志美学的研究和探讨，已显出方志批评学、方志美学的信息，其他方面尚有待建树。方志学原理与有关学科及方志学本身所涉及的实践与应用方面的新学科，大多具有边缘性质，为方志学科注入了新鲜的成分。

4. 比较方志学

近几年来，一些专家学者著文申论建立比较方志学的必要与可能，也是一个新课题。顾名思义，比较方志学是以"比较"的方法作为主要的研究手段。比较方志学的根本任务，就在于通过多种形式的比较研究，求常求变，求同求异，从中发现和把握方志领域中的一般规律和特殊规律。研究的类型主要有跨国研究、地域研究、实例研究三种。跨国研究主要是针对两个或两个以上国家有关事物的比较。如将中国地方志同国外的某些地方史、区域地理学进行比较研究等，多角度地进行横向比较，以求其异同。地域研究就是对国内某一特定地区方志事物进行比较研究。实例研究则是某些专书或专题的比较研究。

方志学科的学科体系结构，仅是近年来人们才有所涉及的新课题，各家意见也不统一，尚处在初步探讨阶段，因此尚难树一家之论。但是方志学科的体系结构是客观的，是体现方志学科客观规律的知识体系。可以设想，经过人们研究的不断深入，方志学的学科体系结构必会得到正确反映。

知识拓展

地方史与地方志的区别

地方史志应包括地方史和地方志，二者之间关系密切，既有相同之处，也有相异之处。每个地方应该有史，也应该有志。史为记事所宜，它反映历史发展规律。志为述地、记人之书，主要是记载疆域、山川、人物、名胜、风土、人情、文物等。地方史与地方志的渊源各有不同，史先于志，地方志始于汉代。

地方史主要是记载过去的历史，记载一个地区一定时期的社会活动，所以它主要依靠信实的史料。地方志主要是记载一个地区的现状，虽然也要追述过去，但主要是弄清沿革，记载对象应该是自然与社会并重，采用材料主要是通过采访调查，考证与实地勘测结合。地方史为一地区的历史依据，要写得信实无谬；地方志主要是为现实应用，要写得准确无误。地方史不能包括地方志的所有内容，地方志也不能包括地方史的所有内容。犹如有了一个朝代的一统志，还要修一朝的史书，史书也不能包括尽一朝的一统志。所以地方史、志可以并存，各有作用。

近代社会发展日新月异，事多物繁，地方史、志的编纂更应该明确分工。编纂新地方志怎样利用旧志的问题，应当是取其精华，去其糟粕，批判和继承结合。旧史、志的体例和编纂方法，有其优良传统，应该参考。而首先要决定的是采用"史体"或"志体"的问题，因史、志记载范围有不同，体例也有同异。新建立的省、市、县以采用"史体"为宜；建置久远，历代修有旧志的省、县则以采用"志体"为宜，因为它的旧志可以作为新志的"志料"应用，或采取"续""补"的办法，仍保留旧志可以应用的资料。

第二章
地方志体例与编辑整理

　　志书的体例是否符合要求以及能否很好地表现其特征和内容是人们评价志书一个很重要的着眼点。古人对体例这个概念的理解体现在志书表现形式的方方面面，它具体地表现在志书的类型、篇目、体裁、章法、语言文字等各个方面。

第一节　基本体例与体裁章法

■ 地方志的基本体例

志书体例对志书的作用虽十分重要，但它终归是一种表现形式，要取决于志书的内容和编纂的目的。纵观中国地方志的发展历史，从早期的地记、图经，直至演进成现今形式的志书，志书的体例是发展变化的。因此，这种变化使得志书的体例在各个历史时期表现出大体的一致性和规范性，同时又使不同历史时期的志书体例呈现出差异性。其原因主要是由于人们编纂志书的目的和功能作用不同所致。

大凡修志，必须先明"志义"，义理不明，体例难定。所谓"志义"，即编纂志书的宗旨和目的，也称志书的义理。

先人对此有过许多论述，现略举数家以示说明。

晋常璩在《华阳国志·序》中称志书可以"达道义、章法戒、通古今、表功勋，而后旌贤能"。

宋朱长文《吴郡图经续记·序》称志书有"质凝滞、根利病、资议论"的作用。

明蒋冕《嘉靖广西通志·序》称志书能"酌古准今、施于政教、兴化善俗、御患安民"。

清章学诚在《答甄秀才论修志第一书》中，则认为方志能"传述忠孝节义,凛凛烈烈,有声有色,使百世而下,怯者勇生,贪者廉立",而且"天地间大节大义,纲常赖以扶持,世教赖以撑拄"。

清李兆洛在《凤台县志·序》中言:"夫志者,心之所志也。志民生之休戚也,志天下之命脉也,志前世之盛衰以为法戒也,志异日之因革以为呼吁也。"

民国时期,寿鹏飞在《方志通义》一书中说:志义"在正人心、敦风尚、明正谊、垂治规,究兴衰

▲ 清代李兆洛像

之由、陈利弊之要、补救时政之阙失、研求民生之荣枯。察理心归诸真,指事必求其是。勿骛时尚,弗谬是非,举其大要,略其琐细,足为治理之龟鉴"。

由此可见,不同时代的人们对志书的功能作用、编纂宗旨的认识不尽相同,说明志义受到时代政治、经济、文化的制约。由于古今志义的不同,自然不同时代的志书表现形式也不会一致。

体例对志书固然重要,但体例要由人们编纂志书的宗旨和目的来决定,即志义对体例起着指导作用。例如民国时吴宗慈在《修志丛论》中说:"夫古人著书,未尝先有例,要皆随文起例,所谓例由义起者也。"又称:"义既穷,穷必变,于是新例生焉。一例既生,他义复起,于是再生变化。义无穷,斯例也无穷。"寿鹏飞在《方志通义》一书中,也强调"义"当重于"例"。他认为:"义之不立,例之何有,所谓皮之不存,毛将焉附?"同时还指出"言例宜随时地为转移,言义则

亘古今而不易"。他认为志书应当为平民而作，"方志立言，当从平民立场，乃得痛陈疾苦，勿染官气……务在有裨地方风俗民生"。

由此可见，志书没有亘古不变的体例，历代人们的志书编修实践也充分证明了这一点。如记传体志书、编年体志书、三宝体志书、简体志书、编纂体志书、著述体志书等等，可谓百花纷呈。因此，在强调志书体例的规范作用之时，还应考虑到形式与内容的统一，不能墨守成规，将志书体例凌驾于志义之上。

■ 地方志的纂撰体裁

地方志的写作方法，大抵分纂辑和撰著二体。由这二体相互变化产生了各种体裁，它的发展状况和史书一样。史书有纪传体、编年体、纪事本末体、杂史体、传记体、史抄体等，地方志也有类似的各种体裁。史书文体大抵沿袭《史记》"约其文辞，治其烦重"的义法，文体一律。地方志则不拘文体，有散文体、骈俪体、辞赋体、歌诗体等，因而又产生比史书更多的纂撰体裁。地方志的这些体裁，至今还未有人作系统的研究。

清代章学诚对方志的体例提出了很多的理论，但对方志的各种纂撰体裁，他仅简略提到，没有作详细分析，考溯渊源。他在《报广济黄大尹论修志书》中说："大抵有文人之书，学人之书，辞人之书，说家之书，史家之书。"他在《方志立三书议》中又说："方志久失其传，今之所谓方志，非方志也。其古雅者，文人游戏，小记短书，清言丛说而已耳；其鄙俚者，文移案牍，江湖游乞，随俗应酬而已耳，缙绅先生每难言之……方志既不为国史所凭，则虚设不得其用。所谓觚不觚也，方志乎哉。"章学诚认为，方志的体裁，唯有模仿国史。他明知方志中有各种体裁存在，而不对这些体裁进行分析，考索其渊源变迁，研究其优点和缺点，只是为方志的衰落而慨叹。所以他始终没有弄清方志体裁的源流演变。

《四库全书提要》地理类存目，著录《隋志》一书，说明这是编年体方志，是采取按年代排比事物的方法。地理类又收宋王十朋的《会稽三赋》，说明"地赋"应别出集部外而入地理类的理由。又收《朝鲜赋》，说此赋和《明史·朝鲜传》记载符合，证明"地赋"记载非常翔实。《四库全书》收方志很少，其提要没有全面地说明方志的各种纂撰体裁。不过，散载在《四库全书》史部、集部的亦不少。近来地方志专题目录虽多，但所著录的主要是仿史书体例的纪传体方志，对其他各种纂撰体裁的方志，大都摈弃不登。这里列举十种体裁，考其渊源所自，以供大家研究参考。这十种体裁包括纪传体、编年体、纪事本末体、杂记体、传记体、辑录体、术数体、辞赋体、骈俪体、歌诗体等。

1. 纪传体

这类方志大抵是仿"正史"体例编纂的，其体裁重于以纲领目，分门别类，这类方志占数量最多，是志书的主流。考证它的起源，是受唐李吉甫《元和郡县图志》、宋乐史《太平寰宇记》的影响，始于宋代修纂州县志书，为别出唐、宋"图经"的官书体例，而创造"志类"，建立完整的纪传体例，成为后世修郡县志的"正统体例"。这类志书当以宋周淙《乾道临安志》为首；施宿《嘉泰会稽志》则门类繁多，号称浩博，"志类"之学由是而起。讫明人修志，绝无纲领，繁冗失伦，俨似"类书""典册"。隆庆、万历间唐枢有见于此，意欲匡正时弊，乃创以纲领目之法，纂《湖州府志》十四卷，分土地、政事、人民三大纲，举纲领目。明人大多鲜知"史学"，不明史法，又疏于考据之学，叙沿革不能考证明确，致纲目往往自相矛盾，所以纲领如同虚设。

清章学诚以经史之学，创"方志立三书议"之说，以《诗》《礼》

《春秋》三家之学，为方志之"三纲理论基础"，订"志类"为"志""掌故""文征"三纲，其篇目分纪、表、考、传四体，考即掌故，文征即艺文，由此制定了完整的纪传体方志体裁，匡正了明人修志之弊，重振宋人修志之学。兹举章学诚纂《永清县志》体例为例：

纪二　皇言纪第一　恩泽纪第二

表三　职官表第一　选举表第二　士族表第三

图三　舆地图第一　建置图第二　水道图第三

书六　吏书第一　户书第二　礼书第三　兵书第四　刑书第五　工书第六

政略一（不分目）

列传十（人物）列传第一至第六　义门列传第七　列女列传第八　阙访列传第九　前志列传第十

文征五卷（别为一书，分奏议、征实、论说、诗赋、金石五门）

此志为章学诚的有名之作，体例严密，达到了他所说"仿纪传之体而作志"的目的，也是纪传体方志的代表作。其特点是能从"立三书"理论与志例、资料三者结合。此志所定类目大抵为前人方志所习见，但经章学诚整理，订纲领目，做到纲举目张，体现了他的史学才能。

2. 编年体

编年体方志不分"志类"，是按年月排列各类事物。这类体裁的方志，今存有明万历时刊刻的颜木《随志》2卷。此体开始于嘉靖初长兴知县黄光昇修《长兴县志》2卷；崇祯时龚策纂《武进县志》2卷，都用编年体制。《四库提要》地理类存目著录《随志》2卷，说："编年之例，全仿《春秋》经文，称随为我。而以地之沿革、官之迁除、士之中乡会试贡大学者，案年纪载，皆地志未有之例也。"编年体方志于明末清初犹是风行，如清雍正时佚名纂《临朐编年录》7卷，文长事多，凡邑之沿革、古迹、职官、选举、灾祥、杂事，都一一按年叙述，统记凡4423年，为今存编年地方志时间最长之书。编年方志现在保存不多。后人终感这种体裁查索不便。例如古迹人物，只能勉强按年列入。又如一事历数年者，势必分散记载，看不到完整的事件始末。至清中叶以后，编年方志逐渐少见。但方志中的"大事记""沿革志"仍采用编年叙述。这类方志体制与近代"年鉴"相似，每年之内分门叙述，或许将来还有发展前途。

3. 纪事本末体

作为方志体裁名词，前人没有提到过，严格说，只是类似纪事本末体。明正德时康海修《武功县志》2卷，7篇，共2万余字，一篇一文，首尾相贯，不引录前人一言一句，时称其书高简。同时，韩邦靖仿其例，修《朝邑县志》二卷，仅六七千言，分7篇，又系子目。一事一篇，联贯不漏，行文绝无局促束缚之迹，一气呵成，记朝邑历代事物本末具见。这类方志很类似史书的纪事本末体。当时修志者门目琐碎，每一事都无本末可寻。自《武功》《朝邑》二志出，人皆倾仰，都认为这是宋以来所修方志中别开撰著之风。这种援笔直书的方志，必须文章写得好，才能使阅者有味。其缺点是，因过于简短，不能积累可实用的资料。摹仿康、韩的人虽多，而能得康、韩之实者甚少。明崇祯时马天驷修《河曲县志》（一名《晋疆纪事》），清代邹儒纂《恒州偶记》，都能全书首尾连贯，论述民间疾苦及官吏误民之事。因均为知事，写治民之实事，是摹仿康、韩比较成功的两部志书，可惜都未付刊，仅见稿本、抄本。清冯甦纂《滇考》2卷，凡一切山川、人物、物产皆削不载，纪事自庄蹻通滇讫清初，撮其沿革旧迹和治乱之大端。标题记述为37篇，每事皆首尾完具，端绪分明。《四库提要》列入史部纪事本末类。

4. 杂记体

这类方志和史书的杂史、短篇小说相似，因其全书首尾不能贯通，只可称为杂记体。例如元代高德基《平江纪事》、明代郭棐《粤阳正俎》，是典型的杂记体方志。《平江纪事》半为地记，半为小说。《粤阳正俎》据郭棐自序说："唐段成式撰《酉阳杂俎》，其事皆奇怪鬼琐。夫杂也者，非其正者也。棐作《正俎》，多正言。"可见《杂俎》为小说，《正俎》为地志，阅二书内容自可分析。

5. 传记体

这类方志是郡县人物传的单行本。地方人物传，由来久远。汉、晋时为阐扬乡贤耆旧的《汝南先贤传》《襄阳耆旧传》，有人视为方域志的起源。《宋史·艺文志》地理类著录有唐稷的《清源人物志》。又如明宋濂的《浦江人物志》（一名《浦江图经》）。其实皆属地方人物传记单行之本，而纳入地记。朱士嘉编《中国地方志综录》，著录明代何三畏《云间志略》，也是专记乡贤之书。张国淦《中国古方志考》，将汉、晋至宋、元的地方人物传记全都收入。这类书籍为方志的一种体制，古今方志学家都已承认。

6. 辑录体

辑录体方志类似"史抄"，是选录有关郡县的诗文，汇集成书，而不自撰一文。考其起源，始于明嘉靖间沈敕辑《荆溪外记》25卷，分山川、区域、城郭、

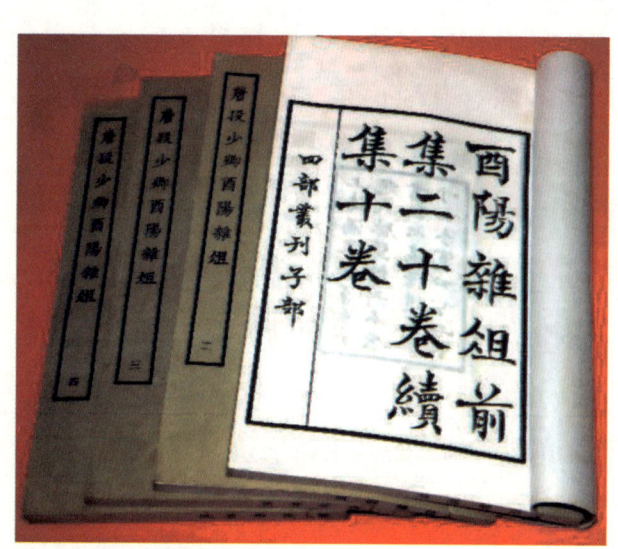

▲《酉阳杂俎》书影

土田、人官、物产诸类编排。其书首列艺文，为地记未有之例；后录周处《阳羡风土记》，开方志辑佚之风。清代朱绪曾辑《昌国典咏》10卷，抄录宋元志书，和《昌国州图志》之文共204篇编集而成。周广业辑《洞川志钞》，汇辑广德州历修州县志的序例小序。杨光鼐辑《琼志撷录》，是选录琼州历修志书的精华部分编成。辑录体方志较多，其选录资料各取所需，兹略举以上几种。

7. 术数体

术数地理之书由来久远。晋代裴秀作《禹贡九州地域图》序说："自古垂象立制，而赖其用。"其书图佚，惟存自序，其图用"六体"，神解妙合，使后世志乘家始终莫知其义。晋以后言术数者，不外乎阴阳五行、生克制化之说，而失垂象立制之义。至明代，又稍稍沿袭此学，著述方志之天文、地理，必以星度为准望，于是术数体方志兴起。例如明嘉靖间陈荣纂《广平府志》，订志义例为经、纬二集，凡一图、三表、十二纪。卷前有江廷吉序，说明其义："经纬者，法两仪之象也。一图者，太极之体也。三表者，效三才也。十二纪者，法十二时也。对待有相配之体，禅继有相生之序，史氏曰斯可以志矣。"序又说："天有太极、两仪、三才、十二时，而不外乎一元之运。"《广平府志》在序例中说明为术数体方志，但不说明而用此体者亦有之。古人纂方志，必首列星野。所以术数、天算为古志乘家不可缺少的一门学问。明人最精此学，于是术数地理盛行。有的用以相墓、相宅，流为虚妄，有的用于观天象、测地形，于当时犹有可取。明代熊明遇的《格致草》是天文、术数、地理合一之书，犹盛传民间。清乾嘉时方志学兴盛，大都出于志例学家、考据学家所纂，但仍有"术数地理学"存在。武进恽鹤生学颜习斋之学，精通术数地理，仿裴秀《禹贡九州地域图》之学，著《禹贡解》《先民易用》等书，又尝参修《江西通志》。李兆洛方志之学识最广，兼精术数、算法、天文、地理，又工绘图，用以修志。

8. 辞赋体

赋体方志，始于宋王十朋仿左思《三都赋》作《会稽三赋》，于其《梅溪集》外，别行一书。《四库全书》收入地理类，别于集部之外。宋王观作《扬州赋》，用谢灵运《山居赋》例，自为之注。陈洪范又作《续扬州赋》。这都说明宋代已别成"地赋"一派。明莫旦作《大明一统赋》，叙明兴基奠业，自两京及十三布政司疆域，郡邑形势，山川物产人物，无不备载。明董越作《朝鲜赋》，和《明史·朝鲜传》事迹多合，可以证明"地赋"多足以征信。"地赋"至清流衍更广。清高宗南巡，雄郡名邑无不献"地赋"，最著者有褚邦庆《常州赋》和《宣城赋》《钱塘赋》，时号宏篇。《常州赋》分建置、沿革、疆域、形胜、户口、赋税，记叙兴衰大略。余如山川、关梁、祠庙、陵墓、古迹，分汇于常郡各县。至于人物则合于一郡，于属县有分界，赋中俪辞一一分明，合叙郡邑，分合适当，真是珠联璧合。清代边疆大臣观察疆域形势，往往以赋进呈。如徐松出塞考察西域形势，历程七千数百里，作《新疆赋》二篇，共二万数千字，当时和《盛京赋》《西藏赋》并称"三赋"。《新疆赋》卷前有孙馨祖序说："撮要领，句栉字梳，俾地志家便于省览。""地赋"性质是带有文学色彩的地方志，因其文辞彬彬可诵如歌曲，故便于流传。其缺点是不能保留记载事物的原始资料。

9. 骈俪体

此体极同于赋体方志，全用"四六联句"。例如清乾隆时陈文煜纂《吴兴合璧》，就是以骈文写成的地志，统记湖州府属乌程、归安、长兴、德清、武康、安吉、孝丰七县，分山部、水部、古迹三类。此书特点是采集庙宇、亭台、桥梁等所有对联，尽纳入文中，又自为之注，多引诗词骈句。俪辞绮句，炫博争奇，为方志特出之作。

10. 歌诗体

地方歌诗源于《尚书》之"五子歌"。《汉书·艺文志》有各地歌诗之著录，如《洛阳歌诗》《河南歌诗》。至唐代刘禹锡创"竹枝词"，歌颂地方风情，语词又极通俗，其源出于古代之歌诗。歌诗体发展到清代，形成以诗写成的方志。康熙时张韬著《天全六番稿》，就是以诗写成的方志，其自序先述天全六番地方沿革、疆域、山川、要塞、商贾集会等，并说："天全地势雄伟，难以文章形容，故托之诗。"稿内有《入峡诗》《渡泸诗》等。诗诵天全历代概况、山川形势和社会生活。歌诗体方志，以竹枝词最多，竹枝词多用当地方言写成。竹枝词在整个方志中所占数量不少，为研究各地方言的极好材料。

以上所叙方志的十类体裁，前七类是方志体裁的分析，后三类是采用文体的分析。各类均有源流可据。其中纪传体方志最具综合性，含有诸类体裁的优点。

■ 地方志的图表

图表是地方志中一门独特的学问。我国古代书籍和方志，往往采用各种图录和史表来表达难以用文辞形容的事物，简明扼要；所以图表在方志中具有一定的作用，也是修志必备的学识。章学诚《永清县志》舆地图序说："史部要义，本纪为经，而诸体为纬。有文辞者，曰书、曰传；无文辞者，曰表、曰图。虚实相资，详略互见，庶几可以无遗憾矣。"这里说明了图表在方志体例学中的重要性。距章学诚稍后有薛子衡著《辑志私言》，专论方志体例学，创"方志四体例"，分纪、表、志、传四体。薛子衡说："然有表、有志、有传，实具史体之三，所无者特纪耳。而又有图，则史所无也。"按薛氏此说不了解图与表的关系。

实际上，图之为用，是因文字不能表达形象而设，表之为用，是因舍繁就简而设，在史例上是结合在一起的，不可自为一纲。在方志中的志、传体中，都可用表来表达形式，用图来表达形象。

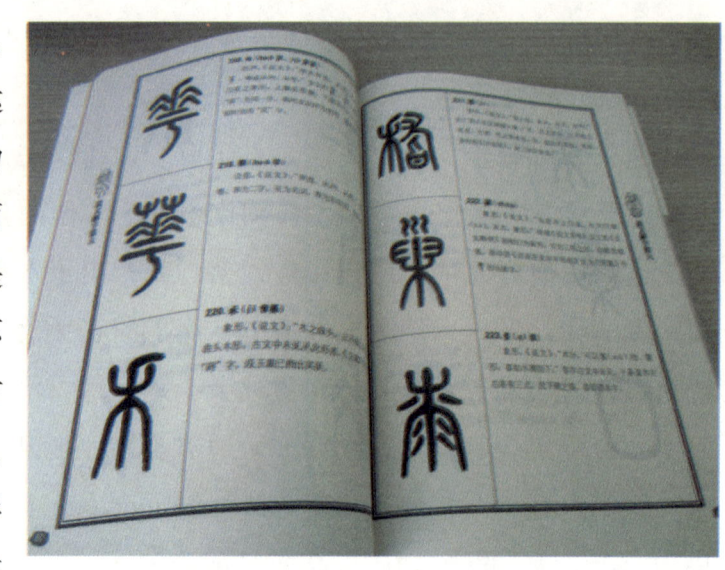
▲《说文解字》书影

图是用各种图录表达事物的形象。《说文》："计画难也，从口图，图难意也。"就是图画必先规划，有解决难以文字表达的意思。前人说："无图不足表形象，原于周时司会所掌。"所以古人著书"左书右图"，相资而成。因为图像之学，不像文字，不是口耳所能授受，其贵在目击能知情理。"河图""洛书"是古人描绘天象、地理，为图像学的开始。后来逐渐发展到所谓"图画天下，品类群生"，使图像之学在史学中成为一门专门学问。

图的学识在地理中却成为主要的部分，方志之有图自《东坡指掌图》开始。地图是由占验图、天文图变化而来的。"舆地必星度以为准望"。但是正史无图，而地理必绘舆图，才能指掌可按。古代的地理图籍，今都散佚不传，唐李吉甫的《元和郡县图志》书存图亡，史籍中的图，没有完整系统，只有地方志中的图具有完整系统。

1. 地方志中的图

图为方志的重要组成部分，其初由天文图、舆地图发展到各种各样的图像，而天文图、舆地图都是由占验图变化而来的。古人用术数历算推测天象地域位置，成为方志中保留着的分野图，这在今天看来不免太抽象了，兹不详细叙述。但方志中的舆地图、山川图、建筑图、水利图、人物图、风俗图、耕织图、蚕桑图、动植物图、古迹图等，保存了古代的地域形势，及风俗、人情、古迹等形象，今天还是值得研究的。近人郑振铎编《中国板刊图录》，选择了方志中不少图像。王伯敏著《中国版画史》，谈到方志中的图像，说："从这些方志的插图中，至少可以了解到两点：一为古代各地的乡土人情与山川胜迹；二为古代各地版画的风格与特点。"应该补充一点，即这些图像反映了古代事物的形象，可以补正史无图之缺。

（1）舆地图

地方志有舆地图，由来很久。舆地图的绘制，今胜于古，而舆图之为用，古胜于今。唐、宋时的图经，规定郡邑要三年一修进呈，其重视如此。舆地图有全国地图，有省、府、州、县地图，下至村镇图、"鱼鳞册"。地域越小，则其图越详细。全国地图大都载在"总志"中。庸李吉甫的《元和郡县图志》，为今存最早的"总志"，载有全国地图，可惜图已亡佚。"总志"中的地图有各种形式，如明桂萼编《大明一统图叙》，首列总图一幅，次两京图，十三省图，附四夷图。十三省图，各图仅绘重要府、州、县、卫、所，各有图说，注明图中的府、州、县、卫、所每年纳钱粮兵马之数，它的作用侧重军事经济方面。明黄汴编《一统路程图记》，列两京至十三省里程图，两京各省至府、州、县图，江北水陆图和江南水陆图。其图的特点在于把南北各地的高山都绘在图中。因黄汴是商人，作此书为经商行程指南，故图中绘上许多高山，在行路时望见高山，就能辨别所往方向。清王德乾编《真如志》，列区域图一幅，镇廛图一幅，各图圩形细号图（鱼鳞册）七十四幅，这七十四幅图中绘的是小块的地形图。清阮元曾经向扬州知府伊秉绶建议，修府志要立图说一门，要从府、县、乡、都，下至每一地保所管之地为一图，周回径直不过二三里绘一图，图说注明，东西南北至某处有山与何处相连，有某水某路，自某处来，往某处去；所管之地，有某村某桥某庙某墓。聚十数地保之图即成一乡，聚四乡即成一邑。可是当时没有采用他的建议，他只好以家乡雷塘绘成一幅地保图，刊为版，印成百幅，作为树范。

地图学是发展的。晋裴秀《禹贡九州地域图》，制图用"六体"，图有网格表示里数地势高低。到元代，朱思本绘地图，采用计里划方之法，成为"朱图"一派。他的支流遗裔，直到清初外国传教士绘中国地图之后，才逐渐消沉。清中叶时李兆洛绘《皇朝一统地舆全图》，图上有矩形网格，这样不仅能计里数，又能指出郡县所在方向，距离远近，比"朱图"有了进步。其后他的同乡方楷有绘图天才，西方地图经他一看就能描绘逼真。他的作品有《大地全球图》一百四十八幅，《长江图稿》《光绪粤海图》《水经注图》等。这一切促使我国地图学的革新。

（2）考古图

魏晋迄唐宋的舆图久已散佚，惟地方志中还保存了极小一部分。这些旧地图是很有用的，可作为考据地理疆域沿革的资料。清代洪亮吉《泾县志》序说："凡一方志乘，有唐宋以来舆地图经可依据者，类皆登采。"谢龟巢的《洪武武进县志》久佚，清时犹存一图。赵怀玉辑补《咸淳毗陵志》，近人沙彦楷发现赵辑《咸淳毗陵志》中有洪武时道里名称，显然是误将《洪武武进县志》佚文辑入。洪亮吉提出"舆图经可依据者，类皆登采"，这样就能避免将地图的时代弄错。

地方志中的古代地图，当然有传绘原图，也有后来经过考据测实而补绘的。如《嘉靖徽州府志》载秦"鄣郡图"、汉"丹阳郡图"，这些地图虽不能断定它是何时所绘，但至迟也是明朝的东西。这两幅图中所绘的"南江""鄡郡治故鄡"，其中故鄡在魏晋后已湮没，清代地理考据学家还在争论故鄡城所在，这些图若为明人补绘，则明人必有所据，所以这是值得研究的。又如《崇明县志》中的"五迁图"，乾隆志和光绪志均有载，而地形有不同，可以证明崇明岛不断在变迁。

除古地图外，地方志中的古代建筑图、胜迹图、风景图等，也是属于考古性质的。如建筑图，有公署、庙学，建筑规模有各个时代、各级地区的制度，桥梁、亭台、楼阁、胜迹、风景也有各个时代的风格，这都是属于考古性质的资料。

（3）山川和水利图

几乎每种地方志都有山川图，但是"山川志"的图比方志完备。方志的山川图还是次要的，故不详述。

水利有关国计民生，极为重要。地方志记载本地区的水利有图有说，很是详尽。我国最古的一幅水利图是"大禹覃怀底绩图"，在《顺治河内县志》《乾隆怀庆府志》等书中多载。《怀庆府志》凡例说："覃怀底绩，载在古经；利害所关，河渠称首。"此图是我国治水的第一幅征象图。《顺治河内县志》首列此图，次列"广济河开山凿洞图"，是描绘通太行山，引广济河水入黄河的图。又余恭的《高邮州志》有"漕渠水利图"，《雍正四川通志》有"都江堰图"，《咸丰清河县志》有"清江浦图"15页。此外，明永乐至清乾隆时历修黄河、运河、洪泽湖的水利图，如"万历河口图""咸丰河口图"等。《光绪长兴县志》列同治六年开浚浦港图17页。又如水库图，水库古称"陂塘""陂池"，以福建的方志记载最多。

（4）边防图

边防图主要是明、清时关镇军志中的兵防图。如《嘉靖山海关志》，有"山海关抵黄花镇图"共28页，又"山海关特图"一幅。《万历四镇三关志》的总图，包括8府、16州、115县的大地图，图中绘出山川形势，府州县城池、营寨、要隘，都注明里程。《万历三关图说》全书是图，连接相续，图说一一说明戍地的城堡、里程及布阵形势。又如清康熙时修的《连阳八排风土志》，首列"总图"1幅，次"要隘图"12幅，图中既表达了军事防御情况，又描绘了当地风俗人情。从这些图中，可以看出明清时军事设防的严密。

地方志中还有"形意"的防御图。例如清康熙十二年刊本，申良翰纂《香山县志》，舆地门有"濠镜澳图"1幅。此图绘依山半岛，中有关闸洋楼，北有山寨兵营，示意岛与陆不可分割。阅书内《前山寨》一篇有何准道所作的小序，方知此图之意。小序说："设险守国，昔人绸缪桑土至计也。西洋种类附处濠镜澳，官兵驻前山以扼其吭；使不得为内地患，此寨所由设也。"按此图为今之澳门，据此志《澳彝》一篇载："嘉靖三十二年番舶趋澳镜者，托言舟触风涛水渍贡物，愿暂借濠镜地晾晒。海道副使汪柏许之。时仅草舍数十间，后商人牟奸利者，渐运砖瓦木石为屋，若聚落然。自是诸澳俱废，惟濠镜独为舶薮矣。"此幅"形意图"很有爱国思想。

（5）其他图像

在方志中备载各种图像的，首推明代莫旦修纂的《新昌县志》。此志第一册全册都是图像，有境域图、县治图、庙学图、义塾图、礼器图、祠寺图、胜迹图、人物图等。莫旦自序说："以图像为开卷第一。"这话说明地方志以图像为首重之意。又《嘉靖盂县志》"图像"小序说："夫书法制于苍颉，图像立于史皇，皆太古圣人之笔也。"这是说明古人书图并重，故此志首列图像一卷。最为突出的是自春秋至明代的人物图16幅。此后地方志载人物图就多了。边疆地区的地方志载少数民族的图像,更为可参考的资料。如清光绪时谭钧培纂《云南通志》,有人物图140幅;《康熙诸罗县志》中的"番俗图",也是描绘少数民族生活的。

地方志中还有考证经史典故的图,如《乾隆宜川县志》载"壶口图",认为《禹贡》中的壶口是在县境。《乾隆汝州全志》中有"汝坟图",

▲《番俗图》中的少数民族的生活场景

认为《诗经》歌咏的汝坟是在州境。地方志中载这些图像,大都开始于乾隆时,这时候所修的方志,有"三江""五湖""禹都""云梦"等图像,它或许是受了乾嘉时期考据学的影响。

地方志中的金石图,如"九鼎图""石鼓图""玉玺图"等。这类图虽不是十分准确,可是开创了地方志载金石图的风气。如《嘉庆庆符县志》中的"苗鼓图",图说注明苗鼓图是少数民族的珍贵文物,上品一鼓,可易牛千头。又如《康熙孝感县志》载宋、元、明时县境所掘出的古铜器图录,是地方志中罕见的。此外地方志中还有动植物图、矿产图、纺织、手工业品等图录,兹不一一列举了。

2. 地方志中的表

表是我国史学中的一门重要学问,历史工作者都应该深刻了解。表,是记载事物,用分条排列,以便检查的形式。表的意义是"因谱写形",用表记述时事,可以简约文字。刘知几《史通·表历篇》说:"文尚简要,语恶烦芜,何必款曲重沓,方称周备。"说明表的意义在于"约其文辞,治其烦重"。表起源于《史记》中的"三代世表"，是司马迁仿周代谱牒而作的。我国的史籍和地方志都有表，而编法略有不同。史籍的表，仅有年表、世表、职官表，即"时表""人表"；而地方志中的表则发展为"时表""人表""地表""事表"四种。

地方志中的表起源很早，大约唐宋时已有。唐代刘知几《史通·表历篇》说："郡县何用表，其年数以别于天子者哉。"宋代周应合的《景定建康志》表总序说："《春秋》表年以首事，太史公年表经纬之，后之记事者法焉；国史郡乘皆有表，而例不同。"以此可证唐宋时之方志已有表了。阅今存的地方志，有大事表、沿革表、疆域表、村镇表、旧志源流表、职官表、选举表、赠封表、族望表、人物表、乡宾表等。其渊源大抵取法"建康表"变化而产生的。"建康表"取法于《春秋》《史记》。清代章学诚《永清县志》选举表序例说："表体取年经事纬，然亦不可经纬者，是亦《春秋》归余于终，而《易》卦终于未济之意也。"意思是说，表要用年经事纬之法，如有年月无考的，也不可力求完备。薛子衡主张以表和纪、志、传并为地方志中的四大纲，但是表作为一种编辑方法，其特点在于不用文辞表达，而能补充文辞表达之不足。纪、志、传如不能用文辞详细表达内容的，都可用表补充。表为地方志的编辑中不可缺少的工具之一。

"建康表"是宋代周应合的《景定建康志》中的表。《建康表》总序说："作《建康表》，断自元王以下表之。纬四：一曰时，表其世年，而记其灾祥。二曰地，表郡县之沿革，与疆土之分合。三曰人，表牧伯之更代，与官制之因革。四曰事，表其得失之故，成败之由，美恶具书，劝戒寓焉。其年月可考者为年表，不可考者为世表；世不可考者，随代附见。"按其表例，分时、地、人、事四项，相互联系；而时实为纬中之经，能知事的世年，可从第一项时，以下三项皆可检得；

如只知人名，或地名，或事迹，可从所知的一项去索也可检到。

按此表分时、地、人、事四项，其中相互联系，可作有系统之观察；但后来所修地方志用的表，未见完全采用这种表式，而参考此表，变化格式作为方志中的表的很多。例如《乾隆宁国府志》中的"沿革表"，分为两项：一州郡，分州部、郡国二部，每部注明朝代年份，郡名改易；二六县，分领六县为六条，一县一条，以编年叙沿革，大事附、祥异附、封建公主附，都按年插入，此表式极简单明悉。又此志的"疆域表"更为简单明了，分州郡、六县二项，以编年为次，用东西里程，以辨郡县相距，用以表达疆域的变迁，又附形势，按年插入，因郡县治所有变迁，河川有改道，故附以形势。用这样的方法表达疆域变迁，既简单，又明悉。如用地图表达，不知要绘多少图，也不一定准确。如用文辞更难记载明白，所以用表最为确当。"沿革表"出于宁国府教授凌廷堪手，"疆域表"出于当时名志乘家洪亮吉之手。后世称此二表，最为翔实有法。

表的应用，近详远略，如历史古远，始末难以考见，用表最确当；时近易征，可不用表。司马迁说："黄帝以来迄共和用表。"含有事远难征、详略有度的意义。又如，长兴县历修县志，都有"钟英志"。《光绪长兴县志》不用"钟英志"，而改用"陈五主表""陈宗室表"来代替。"陈五主表"分高祖、世祖、废帝、高宗、后主五项。表内叙事实，极简单明悉。而因列五项于一行不够，分为前后两段，前三主为前段；因高宗和废帝同辈，故于后段以高宗和废帝并排。这样的表式既不重沓，又便于观察。又"陈宗室表"因长兴历修县志保存陈代的地方事迹较多，表较详细，分王伯、世系、事迹三项。而事迹一项，占一行的三分之二，这样详略有别。又附"封爵表""公主封爵表"，使旧志"钟英志"内的地方史事仍多保留，仅删去《陈书》已有的一部分。

近代修地方志用表，趋向于款曲繁复，以为周备，其实是伤失了尚简要、恶烦芜的用表之意。例如李泰棻拟修《绥远通志》所订的"绥远省历代疆域沿革表"，这幅表要看懂它的规格，就要费好多时间。并且当时绥远建省不久，新定省境，遽难即考定它的郡县沿革，不适宜于用表，还是用疆域考适当。此表只用建省时已设的十多个县为基础，用以溯考全省历代沿革，无法弄清楚。而此表款项重沓，又不用年代，不能耐人观察。刘知几《史通·表历篇》说："何必款曲重沓，方称周备，睹马迁《史记》则不然矣。"我们要明白史表不同于"函数表"等表，项目重沓，是为了能检得准确数字，史表则是要一目了然的。

■ 地方志的章法

地方志的章法即志书编修的组织与对志书的一般撰写要求。中国地方志经过2000余年的发展，逐渐形成了一些传统与规范，现简介如下。

1. 有系统的官修制度

中国地方志之所以能源远流长，并存留下来如此众多的志书，其最重要的原因之一，就是中国地方制官修制度的建立，保证了志书编修的延续不断。

中国地方志官修制度的建立是同统治阶级对志书具有加强统治、维护风化的政治功能作用的认识不断深入分不开的。中国方志官修制度究竟始于何时，已难详考，现可见最早的记录为隋代。《隋书·经籍志》载："隋大业中，普诏天下诸郡，条其风俗、物产、地图，上于尚书。"可见当时政府颁令各地撰修图经，并且上于尚书掌管。

自隋以后，各朝官修制度日趋完善，并制定有各种凡例、规定、概要等，用以规范各地的志书编修工作。

唐袭隋制，制定了定期编造图经的制度，当时规定"每三年一送职方"。由于唐代定时编造图经制度的建立，所以唐代图经的编绘非常普遍，就连唐代边远地区也不例外。虽然唐代图经大多散佚难考，但从宋代《太平寰宇记》《太平御览》等书征引来看，可知唐代至少50个州修有图经。

五代、北宋时期仍袭唐制，当时规定每逢闰年一造送。宋大观元年（1107年），政府又设置"九域图志局"，命所在州郡编送图经，这是国家设局修志的最早记录。

元代虽建国较短，但为了编修《大元大一统志》，也督令地方撰送图志，出现了全国大规模普遍编修地方志的局面。

明代中央统治者对志书更为重视，明成祖即位之后，为了规范志书的体例和内容，于永乐十年（1412）、永乐十六年（1418），还两次颁降《纂修志书凡例》，这是现存最早的有关编修地方志书的政府条令。这两个条例对类目的内容、取材、书写格式及注意事项等，都作了明确规定，进一步确立了志书的"官书"地位。

清代继元、明之后，曾三次纂修《一统志》，由于编制《一统志》的需要，朝廷设立了一统志馆，设有总裁、副总裁、纂修官等人，并多次督令各地纂修志书上送，以备取材，极大地推动了全国各地志书的编修。

民国时期，民国政府内政部于民国18年（1929），颁布了《修

▲ 明成祖朱棣像

志事例概要》，对修志机构的组织、志书的内容、文字等，都作了明确规定。民国35年（1946），国民政府内政部又重新颁布《地方志纂修方法》，其中规定省志30年一修。同时还颁行了《各省市县文献委员会组织规程》，由各地文献委员会负责志书编纂事宜。

由上可见，早期地方志书主要由私撰为主，到逐渐过渡到以官修为主，确定了它的"官书"地位之后，说明了统治阶级对志书的加强与控制。由于官修志书必须迎合官方政治的需要，以官方的标准来评述历史，臧否人物，再加之各种规定，遂使得官修志书成了官样文章，较少特色。因此，官修制度也有一定的局限性。但总的说来，积极作用还是主要的，没有官修制度的建立，也就不会现存如此众多的丰富文化遗产。

2. 重视志书编纂的宗旨和目的

历代志家多认为大凡修志，必须先明确修志的宗旨、目的。古人称之为志义、义理，并认为志义、义理对志书编修起着指导作用，义理不明，志书的一切就无从谈起。

对于志书的"志义"，古人研究很多，也随时代有不同的见解。如常璩《华阳国志·序》称："夫书契有五善，达道义、章法戒、通古今、表功勋，而后旌贤能。"唐李吉甫在《元和郡县志·序》中，认为版图地理"成当今之务，树将来之势"，可以"佐明王扼天下之吭，制群生之命，收地保势胜之利，示形束壤制之端"。宋董弅《严州图经·序》认为编修志书"岂特备异日职方举闰年之制，抑使为政者究知风俗利病，师范先贤懿绩，而承学晚生，览之可以捐睦而还旧俗，宦达名流，玩之可以全高风而励名节"。明《万历猗氏县志·序》称志书要"洞隆替之原，而施补救之术"。民国时期一些志家更是大胆创新，提出许多不同于前人的观点。如李泰棻在《方志学》一书中，认为志书应增加地方经济内容，要反映"到处民穷，农村破产"的社会现实，要对"政府历年苛捐杂税，亦必分列无遗"，应该增加"贪劣官绅之事实"。甘鹏云《方志商》认为志书当以"民为邦本"，以"专详民事"为主旨。寿鹏飞《方志通义》更认为"方志立言，当从平民立场，乃得痛陈疾苦，勿染官气……务在有裨地方风俗民生"。

从古人的"教化""资政"到民国时期为民立言、治世安民的思想，这对志书编纂的宗旨与目的认识，不能不说是一个极大的进步。正是由于历代志家对志书义理的追求和研究，遂使得中国志书具有"存真求实"的优良传统，能直陈民间疾苦，如实反映地方情况。如宋袁说友在《成都志·序》中言："是邦也，昔也风土之阜繁，民生之富庶，考之志可见也。今闾阎无巨室，田野无饶民，商者多乏绝，耕者半转徙，公不能以裕私，下不足以供上，嗷嗷然销膏以火而不自知也，可乎哉！"宋丁大荣《天台图经·后序》则称："大概兹邑民瘼有四：一曰乡夫困于差役；二曰居民艰于斗籴；三曰榷酤之额重于他邑；四曰籴米之费，抑于郡胥。"

作为官书能直陈民间疾苦，倡导为民立言，这是极为可贵的，这也是志书为什么能被我们今日广泛取材的原因之一。

3. 述而不作，秉笔直书

述而不作，秉笔直书是中国地方志编修的一个优良传统。

所谓"述而不作"，是指志书行文不允许撰者妄加评论，而是如实记录，寓褒贬于事实之中。因此，人们称方志为"记注之书"，道理即在于此。

常璩在《华阳国志·后贤志序》称："善志者述而不作，序事者实而不华。"提倡志书记事应当"述而不作"，要力求真实，朴素无华。可见提倡志书"述而不作"的传统由来已久。《万历隰州志·序》则提出：

"不藻思以饰丽,不逸气以眩华,不虚誉以求奇,不妄削而没善。"要求志书不虚不隐,据实而录。

人们对任何事物不可能没有观点,也不会没有看法,只是志书要求对这种观点与看法的表达,采用如实记叙的方法,客观地反映人、事、物,寓褒贬于事实之中,而不是通过评说、议论的方法反映。

秉笔直书则是要求志书记事要实事求是,主张"直书",反对"曲笔"。所谓的"直书",即要求执笔者秉之于公,不容有私意于其间。如《嘉靖滦志·序》认为,志书要达到"其事核、其文直、不虚美、不隐恶"才为"直书实录"。《万历广东通志·序》则称:"志者,郡国是非之权衡也。其所是者,必天下之公是,而不敢诳以为是;其所非者,必天下之公非,而不敢诬以为非。有似是而非者,则亦不得枙蜡而饰以为是也;有似非而是者,则亦不得罗织而诋以为非也。是故必公是非,不虚不隐。"清代章学诚在《答甄秀才论修志第一书》中则称:"志乃史体,原属天下公物,非一家墓志寿文,可以漫为浮誉,悦人耳目者。"

正是由于受中国地方志这种"秉笔直书"优良传统的影响,所以历代都有一些志书能据实直录。如《万历会稽县志》,全志分为地书、治书、户书、礼书四类,其中《户书·灾异》载:"明弘治十三年,民间讹传言诏选女子,一时奔娶殆尽。""明隆庆二年,诏选女子,数夕亦奔娶殆尽。"把皇帝选妃,视为灾害,列入《灾异》之门而直接记录于书,如果没有"秉笔直书"的勇气是很难想象的。因此,述而不作,秉笔直书是中国地方志编修的一个优良传统,于今也是应当充分肯定的。因为只有出于公心,不徇私情,敢于直言,才能成就一代"信志"。

4. 生不立传

修志最感棘手的问题之一,就是撰写人物传记。清章学诚认为修志有"五难",其中"调剂众议难"和"预杜是非难",就是针对人物立传有感而发的议论。因为人物立传直接关系到对所传人物的褒贬,并还关乎传主亲属后代的感情问题。因此,为了避免是非,地方志编修还形成了一条不成文的传统——生不立传,即在世的人物不可入人物传。

历代志家坚持"生不立传"基于如下几点:一是"生不立传"是历代史志传记的好传统,应当遵行;二是生人无法论定,一个人只有谢世之后,才能"盖棺论定",其实有些人,即使"盖棺"也未必能论定;三是坚持"生不立传"可以避免由种种请托或个人感情而造成的徇情现象。可见这种观点是值得提倡的。

"生不立传"虽说几成定例,但至现今仍是有争议的问题。主张为生人立传非自今始,历代志书也有不遵此例之作。如《康熙宝坻县志》,按传统志例要求,居官者非去任者不书,本邑人物也生不立传,而此志却将知县牛一象、邑人杜立德二氏分别入志,并且互相标榜,以致后人颇有微词。民国时李泰棻在《方志学》中也称:"人物虽未盖棺,亦可暂定……此类人物最易失传……年远事荒,反难稽察,亦可暂定……若人得立传,则其言其行衡以长情,益以淬励,以求有终,不至晚节再变。"主张为生人立传的理由主要有如下几点:一是生前立传,资料比较容易收集,失实较少,易于核查。二是为生人立传教育今人的作用更大,更具有现实意义。三则是认为"生不立传"的传统是可以改变的。但是志书要传之后世,应具有较高的稳定性,并且连续修志又是中国方志编修的传统,因此不能指望每个人都一次搭上车,还是提倡"生不立传"为妥。

5. 突出地方特色

各地由于地理位置、自然条件、社会情况、历史文化、风俗人情的不同，而形成各自的地方特点。作为一方的志书，自然要突出地方特色。因此，千方百计地突出地方特色，成为志书编修的一个传统。

志书编修突出地方特色，主要体现在如下两个方面：

一是"不越境而书"，要严格限制在特定的行政区域内。时来敏《康熙清苑县志·序》称："邑志所记者，不过一邑之事，原以备太史之采风，一邑而外不问也。""凡借人才于异地，移景物于一方"的做法，都是历来为志家所反对的，就连旧志名宦传、流寓传等类记人物，也主要记他们与本地有关的事迹。艺文诗词也是收本邑人之作，其余不录。否则，志书即难称"地方之书"，更无从体现志书的区域性特征。

二是志书篇目设计力求突出地方特色。综观历代各类志书的篇目，即使是同一时代志书，又有政府编修条例的种种限制，旧志类目完全雷同的也并不多见。这种现象与其说是志书篇目的创新，不如说是由地方志书必须反映"地方特色"所决定的。就连政府制定的修志事例也不能不照顾到此点。如《民国修志事例概要》即规定"本概要所订办法，各省兴修志书时，得体察地方情形，斟酌损益之"。

无论新旧志书，在记叙地方事物上除浓加笔墨之外，还在篇目上加以"升格"处理。所谓"升格"，即是打破正常的逻辑和统属关系，将富有地方特色的事物，从它所属的门类独立出来，单独成类。如宋《吴郡志》设"虎丘"一目与"山"并列，专目记叙苏州"虎丘"美景。《康熙蓟州志》为突出表现盘山的风貌，特设"盘胜""盘刹"二目与"古迹""美景"并列。现代新志也多有采用此法者，如《洛阳市志》单列"牡丹志"。可见古今志书为突出地方特色颇费了一番苦心。

第二节　地方志编辑整理

■ 地方志的目录与提要

最早做目录的是刘向（前77—前6）。"目录"的最早含义已与今天大不相同，张舜徽在《中国文献学》第五编第一章《何谓"目录"》开头便提出："'目录'二字连称，始于汉代。《汉书·叙传》云：'刘向司籍，九流以别；爰著目录，略序洪烈。'这个名词，一开始便和刘向校书的工作联系在一起。《汉书·艺文志》叙述刘向校书的情况，有云：'每一书已，向辄条其篇目，撮其指意，录而奏之。'可知刘向当日每校一书完毕后，写成一篇介绍本书内容的总结性文章，一方面'条其篇目'，一方面'撮其指意'，这便是'目录'，也简称'录'。"实际上就如清代所作的《四库全书总目提要》，而今天所称的"目录"，其实是有"目"而无"录"。

刘向之子刘歆（前53—23）编辑了中国最早的综合性图书目

▲ 刘向像

录——《七略》，分图书为七大类——辑略、六艺略、诸子略、诗赋略、兵书略、术数略、方技略，开创了中国目录学。后班固作《汉书·艺文志》，基本上抄录《七略》，只是删去了其中的辑略，《隋书》以前正史皆照此分类法。西晋时，荀勖作《中经新簿》，把图书分为甲、乙、丙、丁四部。甲部包括《艺文志》的《六艺略》所列书，乙部包括《艺文志》的《诸子略》《兵书略》《术数略》《方技略》所列书，丙部包括当时所有的历史著作，丁部包括《艺文志》的《诗赋略》，再加上图赞和"汲冢书"。东晋时，著作佐郎李充编《晋元帝四部书目》，"因荀勖旧簿四部之法，而换其乙、丙之书"，就是说把"子""史"的次序倒换过来，成为经、史、子、集的次序。《隋书·经籍志》是用经、史、子、集四部分类法的第一部正史，后来正史艺文志图书分类及一般的图书目录，皆以《隋书·经籍志》为榜样，按照这四部分类法，几乎成为定例。如清代纪昀总纂的《四库全书》就是按照经、史、子、集四部分类的，方志收录在史部地理类。除了七略和四部分类法外，我国传统的图书分类法还有十二分类法，南宋郑樵的《通志·艺文略》提出了三级十二分类体系的书目分类体系，把图书分成经类、礼类、乐类、小学类、史类、诸子、天文类、五行类、医方类、术数类、类书类、文类12大类，下分家、种，共12大类100家430种，构成三级十二分类体系。

中国独立的书本式方志目录，最早是清初顾栋高的《古今方舆书目》，而乾隆年间海宁人周广业编的《两浙地方志录》则为区域性方志目录之始，不过这仅见于前人著述，今已不传。而现存流传最早的是缪荃孙于民国初年编的《清学部图书馆方志目》，著录明代方志224部，清方志1676部，不全方志360部。民国以后，方志目录的编纂比较普遍，下面介绍几种比较重要的方志目录（提要）书。

《中同地方志综录》：初由朱士嘉于1935年编辑出版，收录了国立北平图书馆、北京大学图书馆、浙江天一阁、嘉业堂、天津天春园等50余家国内外公私图书单位的地方志5832种93237卷，均为综合志（总志除外），不包括山水、寺庙、名胜志，对每一部志书录有书名、卷数、纂修人、版本、藏书处、备注，首次基本弄清了方志的收藏分布。朱士嘉时任辅仁大学讲师、燕京大学图书馆中文编目部主任，1939年9月，受聘美国国会图书馆，任东方部中文编目主任，负责整理该馆所藏中国方志。故该书1958年增订时，收录方志7413种109143卷，较原书多1581种15906卷，包括流失在美、日两国及被国民党劫运到台湾地区的稀见方志。

《中国地方志联合目录》：目前祖国大陆最完备、最具参考使用价值的一部地方志目录，收录了全国30多个省、市、自治区的190多个公共、科研、大专院校图书馆、博物馆、文史馆、档案馆等藏的旧志8264种。其特点是：（1）完整性，收入各省现存省府州县厅志7000多种，还收录各类乡土、里镇、岛屿志等1000多种（300多种山水、寺庙、名胜志除外）；（2）系统性，某地修过的志书，按时间顺序排列；（3）普遍性和实用性，收录的190多个单位只有21个在北京，其他均在各地，读者查阅比较方便，而且每一部志书后都注明该志书在全国哪些图书馆有收藏，方便实用。

《中国古方志考》：张国淦著。张国淦，字乾若，湖北蒲圻人，清光绪二十八年（1902年）举人，官至北洋政府教育总长等职，1926年7月后专心致力于地方史志的研究，1935年、1936年著《中国地方志考》在《禹贡》上连载，1962年修订后由中华书局出版，易名《中国古方志考》，共收方志2171种，分总志、通志、府县志，对秦汉至元代的中古方志一一进行介绍。如失传，注明已佚；流传者则注明版本、书名、作者时代简历、书的材料来源、序、跋等，是研究古方志的既有目录性又有介绍性的著作，也是方志史上规模最大的考录性方志提要专著，堪称全国性方志提要专目的楷模。

《方志考稿》（甲集）：民国瞿宣颖著，1930年铅印本，天春书社（属《大公报》）出版，原拟分甲、乙、丙集，但只出版了甲集。该书主要对明、清方志进行了集中评论，仅收录8省（奉天、直隶、黑龙江、吉林、山东、河南、江苏、山西）600余种方志，均为综合志（总志除外）。不包括山水、寺庙、名胜志，是一部未完之书稿，也是我国第一部方志提要专著。

《浙江方志考》：作者洪焕椿，原在浙江图书馆工作。20世纪五六十年代任南京大学历史系主任，1958年初版时称《浙江地方志考录》，1984年重版时改此名。该书收录了浙江省在新中国成立前旧志2104种，其中通志42种，府县志986种，乡镇志118种，专志958种，并附录《浙江行政区划今昔对照表》《参考文献》《书名索引》。对每一部志书的纂修者的生平，包括他的字号、籍贯、生卒、仕履、著作作为背景资料详加说明，对一部分价值较高的方志尤其是国内藏本不是很多的珍贵本、旧抄本、手稿本、批校本，约略介绍其内容，摘录其序、跋和后人的评论，并就所见所及，记载各书的版刻源流、款式行格、版本优劣、藏家和藏印，使该书兼有目录、版本、典藏、提要四个方面的内容。

《陇右方志录》：张维著。张维，字维之，号鸿汀，甘肃临洮人，清末拔贡，累官甘肃省政府秘书长、厅长、参议长、省文献征集委员会主任委员等，对乡邦文献颇有研究。是书以甘肃、青海、宁夏为著录范围，分省志、郡志（含府志、直隶州志）、县志（包括散州志、厅志、县志）、杂古今志（含图志、方物志、耆旧传、山川志）4类，依时序收录方志256种，每志著录皆冠年号或朝代，录其纲目，别其存佚，并著按语于后，述其梗概，评其价值。后又有《补录》1册，收省志1种、郡志4种、县志22种、杂古今志9种。

《日本见藏稀见中国地方志书录》：崔建英著，书目文献出版社1986年版。著录藏于日本国会图书馆、内阁文库、静嘉堂文库、尊经阁文库、宫内厅图书寮、东洋文库、日本东方文化学院等图书机构的104种清乾隆以前的中国稀见方志，不仅叙名称、卷数、修志本末、编修者、版本、藏书处，而且载版式特征、卷目、内容大要，摘录序跋、凡例，这是第一部国外收藏中国方志提要，对我们了解流散异域的珍稀地方志的内容、体例很有帮助。由于该书系编者根据中国科学院图书馆收藏的胶卷编纂而成，可能是胶片的缘故，书中所录差错不少。

《稀见地方志提要》：陈光贻著，齐鲁书社1987年版。首总志，次分省，收有总志、通志、府志、州厅志、县志、卫所志、盐井志、乡镇志、土司志等稀见版本志书1120余种，所收志书大多为上海图书馆所藏，宋、元、明之有名方志，前人已作提要的不收。每部志书必录书名、卷数、版本、收藏处，"提要所叙者，为志乘源委、编辑体例、收藏故实、版本传抄之异同、修补增刊之始末"，于一方"核要之事，虽一图一表，亦择尤酌举"。书后附《纂修人姓名索引》。又附《古今图书集成地方志辑目》，所辑自东汉迄清康熙时之地方志，约1430余种，虽多数散佚，兹经考察有600多种散佚，其中宋以前有佚志455种，元12种，明代及清初140多种，但仍可提供考方志源流因革者，为读者参考之用。

其他重要的目录提要还有：纪昀总纂的《四库全书总目提要》，收录书籍10254种，其中地方志书417种；抗战前完成的《续修四库全书总目提要》，该书是清末时翰林编修王懿荣提出的，正式编纂在

1930～1936年间，当时的著名学者如王重民、赵万里、向达、杨树达、余绍宋、瞿宣颖、谢国桢、傅振伦、谭其骧等都参加了编撰工作，共收录书籍32960种，其中方志提要1987种，体例一如《四库全书总目提要》，除录志名、编纂者、版本、修志始末外，还叙门类，评其利弊得失，提要方志之众，在当时无有出其右者；陈桥驿的《绍兴地方文献考录》（浙江人民出版社1983年版）；骆兆平的《天一阁藏明代地方志考录》（书目文献出版社1982年版）；龚烈沸的《宁波古今方志录要》（宁波出版社2001年版）；梅森、刘辰的《中国专业志要览》（安徽科学技术出版社1997年版）；中国地方志指导小组办公室主编的《中国新编地方志目录》（方志出版社1999年版）等。

中国台湾地区编订的方志目录有：台湾"中央图书馆"（即现在台北的"国家图书馆"）1956年编制的《台湾公藏方志联合目录》，正中书局出版，收录包括"中央研究院"历史语言研究所"故宫博物院""中央图书馆"及"中央图书馆"台北分馆（即现在的台湾图书馆）等11家图书机构的现存单行本方志（收入丛书者不录），以现在台湾者为限，起自宋绍兴四年（1134）至1954年，共约3530种。1981年又出增订本，补入移存美国国会图书馆的原故宫博物院、中央图书馆、北平图书馆收藏的方志（1965年运回台湾地区）及"国史馆"图书室、台北中山纪念馆孙逸仙博士

▲ 纪昀像

图书馆、东海大学图书馆等所藏方志，共新增568种。台湾"交通部"所藏地方志移存"国防研究院"图书馆后，由该馆编印油印本目录，其中方志有1120部，多数属北方省份，如河北211部，山东189部，河南16部。1985年，台湾大学历史系教授王德毅主编的《台湾地区公藏方志目录》出版发行，收录了台湾地区12家图书馆的馆藏方志4600余种，以中文为主，外国人编纂被译为中文者也兼而收之，并附有日文编纂的台湾方志。该目录基本反映了台湾地区方志收藏的情况及其三个特点：一是多藏台湾志书；二是所藏志书以明代方志最为丰富；三是多存海内孤本。

美、英、法、澳等国也对所藏中国方志进行过整理，编制过相关目录。主要有：《美国国会图书馆藏中国方志目录》，朱士嘉编，华盛顿美国政府印刷局1942年出版，著录中国方志2939种56989卷，其中宋志23种，元志9种，明志68种，清志2376种，民国志463种；以区域计，河北最多，有282种，山东次之，有279种，江苏、四川又次之，各有252种。后又有《续编》，增收方志300余种。其著录方法，除题录省别、志名、卷数、编修者外，还著录编辑时间、版本、册数，书末附笔画索引和威妥玛翟理斯音序索引。《英国各图书馆所藏中国地方志总目录》，英国人安德鲁·莫顿编，伦敦大学东方与非洲研究院1979年出版，收录大英博物馆和牛津、剑桥、伦敦、爱丁堡等大学图书馆所收藏的2516种方志。《欧洲图书馆藏中国方志目录》，法国人吴德明著，巴黎海耶区莫顿公司1957年出版，收录欧洲9国25家图书馆藏中国方志2590种，除去重复者，约1434种，其中有207种为《美国国会图书馆藏中国方志目录》所未收，书后附有方志地名索引。《中国方志目录》，澳大利亚人唐纳德·莱斯利和詹瑞姆·戴维德森著，澳大利亚国立大学太平洋研究院远东史研究系1967年出版，此书系根据中、日、欧美等国出版的中国方志目录汇编而成，收有111种资料，既有专著，也有论文。该目录对每种资料加以简介，书后附图书馆和研究机构、地名、主题、人名、引用期刊和著作索引。

日本是收藏中国方志较多的国家，近代日本人编纂的中国方志目录有《中国府县志目录》（上海自然科学研究所，1933）、《满洲地方志综合目录》（植野武雄，1939）、《中国地方志目录》（上海日本大使馆特别调查班，1942）等。以质量而言，当首推《东洋文库地方志目录》，该目录由日本东洋文库编，1935年出版，收录库藏中国方志2365种，其中唐代方志1种，宋代方志12种，元代方志8种，明代方志51种，清代方志2064种，民国方志229种，以国民党统治区域为主，加入了伪满洲国、台湾地区的志书，基本体现了中国的全貌。第二次世界大战后编制的目录，主要有：《中文地志目录》，天理图书馆编，天理大学出版部1955年出版，收录方志1430种。《国立国会图书馆藏中国地方志综录稿》，日本国立国会图书馆一般考查部编，1950年至1964年共出17册誊写本。此目录系日本国立国会图书馆、东洋文库、内阁文库等12个图书馆与美国国会图书馆、哈佛大学图书馆收藏中国方志联合目录，大体反映了日、美两国的中国地方志分布情况。《中国地方志联合目录》，东洋文献中心联络协会编，东洋文库1964年出版，体例仿朱士嘉《中国地方志综录》，其中有部分为我国失藏的珍本志书。《日本现存明代地方志目录》，山根幸夫编印，1962年由东洋文库明代史研究室出版，按明代政区著录国会图书馆、宫内厅书陵部等11家图书馆藏明代方志约300种。1969年，作者又完成增补（1971年3月出版），主要增补了北平图书馆"抗战"前运藏美国的胶卷本方志及在台湾的"中央研究院"历史语言研究所藏胶卷本明代方志，约240种。1995年，再次整理出版，命名为《新编日本现存明代地方志目录》。《九州大学收藏中国地方志目录》，1966年出版。而现存日本馆藏目录中收录中国地方志最全的当数《日本主要图书馆、研究所所藏中国地方志总合目录》，由日本国会图书馆参考书志部编，1969年于东京出版。该目录是在《国立国会图书馆藏中国地方志综录稿》（1950-1964）的基础上编成的，收录了日本国立国会图书馆、东洋文库、静嘉堂文库、尊经阁文库、国立公文书馆（即内阁文库）、宫内厅书陵部（即宫内厅书寮）、东京大学东洋文化研究所、京都大学人文科学研究所、天理图书馆、大阪府立图书馆、爱知大学图书馆、东北大学图书馆、蓬左文库、九州大学图书馆等14家主要图书单位现存单本、丛书本及缩微胶卷本中国地方志2860余种。这是迄今为止日本编纂得最全的一部中国方志目录，它的问世，取代了之前所有日本收藏中国地方志的目录。

　　韩国也收藏了大量的中国地方志。韩国的国立中央图书馆、首尔大学的奎章阁韩国学研究院、韩国学中央研究院藏书阁、各大学图书馆都藏有中国稀见古籍和中国地方志。1987年，首尔大学教授吴金成编写过《国内所藏中国地方志目录》，收录有韩国国内主要图书馆收藏的1064种中国地方志资料（包括近世、近现代），虽然这本目录所收录的地方志规模、数量上难与藏于日本、美国等地的中国地方志相比，但因其收录有大部分现存韩国国内的中国地方志资料，所以资料价值不容低估。

　　方志索引的编制始于民国。1930年出版了容媛编著的《方志中金石志目》，附有索引。1933年，李濂镗编《方志艺文志汇目》，汇录北平图书馆1295部方志艺文志卷次。1939年，江苏省立图书馆编曹允源纂《吴县志列传人名索引》，收人物5000余人，每个人名下注明时代、籍贯、卷次、页码，这是中国第一部方志人名索引。1963年，中华书局出版朱士嘉编的《宋元方志传记索引》，1986年上海古籍出版社予以再版，根据33种宋元方志，共收录3949人，每人以姓氏笔画为序，标注姓名、别名、字号、别号及引用方志简称、卷次、页数，为研究宋、元史必备参考书，影响颇大，引起了学界对编制方志索引的重视。1987年，北京大学出版社出版了高秀芳等编的《北京天津地方志人物传记索引》，收录了73种志书的人物资料，成为目前国内收录方志最多的一部方志传记索引。此外，比较有影响的方志传记索引还有华东师范大学图书馆古籍部编的《天一阁藏明代方志选刊人物资料人名索引》（上海书店1997年版），沈治宏、王蓉贵编的《中国地方志宋代人物资料索引》（四川辞书出版社1997年版）；地名、篇目索引有陈绍乾、林成西编的《成都地方志篇目索引》（成都市社会科学研究所历史研究室1983年编印），潘一平的《武林坊巷志坊巷名称索引》（浙江人民出版社1990年版）；混合性索引有方光品的《〈福建通志〉（民国版）传记兼艺文志索引》（福建师范大学图书馆1981年印行），收录人物22000余条，艺文约10000条，等等。中国台湾地区则出版过盛清沂的《台湾清代二十三种地方志列女传索引》、王恢的《太平寰宇记索引》。

　　方志论文方面的索引则有：1983年陈秉仁编的《历代诸家方志论文篇目选录》（附载黄苇《方志论集》），收方志论文、序跋1000余篇；《方志学重要书名论文索引》，附见1983年版来新夏《方志学概论》；王中明编《中国地方志论文索引（1911—1949）》，见1985年印行的《中国地方志论集（1911—1949）》；《中国地方志论文索引（1950—1983）》，见1985年印行的《中国地方志论集（1950—1983）》；《河南地方史志论文索引》，魏一民编，河南省地方志编纂委员会编辑室1983年印；《四川地方志论文索引》（1981—1991），吴嘉陵、叶红编，四川省地方志编纂委员会地方文献研究室1992年印行。目前最为系统的论文索引当为孟繁裕、徐蓉津主编的《中国地方志论文索引（1981—1995）》，由国家图书馆地方志和家谱文献中心于1999年印行。该索引分方志学理论、方志编纂学、方志史方志学史、志书研究与评介（1949年以前）、志书研究与评介（1949年以后）、方志学家传记和研究、方志的整理和利用、方志工具书及其他、地方年鉴、文献备征10个部分，收录发表于各省区地方史志刊物上的论文21600篇，末附《著者索引》《所收地方史志期刊一览表》，查阅较为方便，美中不足的是没有收录发表在其他综合和相关专业学术刊物上的论文，遗漏了不少学术性相对较高的方志论文。

■ 旧志整理

历代所修的方志，散佚现象十分严重，从秦至唐代的郡书、地记、都邑簿、图经完好留传下来的，只有《华阳国志》《元和郡县图志》（《襄阳耆旧记》因是后人校补，《越绝书》《吴越春秋》性质存有争议，故不计算入内），即使宋代所修的图经、方志，连残缺不全的算在内也仅有30余部，往往前代《艺文志》或《经籍志》已经著录的，过了一个时期便已经找不到了。

有些好学之士，出于求知的欲望，便通过古人书籍中征引过的材料，重新搜集、整理出来，企图恢复原书的面貌，或者恢复它的一部分，这种对于古籍的辑佚工作，宋代学者们已经开始，到了清代以后，便有许多学者致力于古地志的辑佚工作。著名的如王谟的《汉唐地理书钞》为早期辑佚代表作，原拟刻汉唐地志388种，只存70种，1961年中华书局在影印《汉唐地理书钞》时仅有70种。陈运溶辑了宋以前古地志66种，以两湖志为主，收入《麓山精舍丛书》，中华书局在影印《汉唐地理书钞》时，将此内容也附录于后。其他还有王仁俊的《玉函山房辑佚书续编三种》，辑唐以前地志约60种；张澍的《二酉堂丛书》辑录了秦陇地志19种；孙诒让辑了《永嘉郡记》；鲁迅在《会稽郡故书杂集》中，辑有唐以前会稽地志8种；《东阳记》《吴兴记》等地记，亦都有人作过辑佚。今人则有刘纬毅的《汉唐方志辑佚》（北京图书馆出版社出版），王仲荦、郑宜秀的《敦煌石室地志残卷考释》（上海古籍出版社出版）等。山西大学历史系的李裕民辑录了《山西古方志辑佚》（《山西地方史志资料丛书之五》），辑佚了山西历代方志236种。以上这些辑佚的古地志，虽然都是些零星的断简残篇，但对于研究古代方志尤其是宋代方志定型前的方志，却具有非常重要的参考价值。

宋以后的旧志虽也有辑佚的志书，如刘纬毅等的《宋辽金元方志辑佚》（上海古籍出版社出版），但流传下来的毕竟不少，如宋代方志现存的还有34种，元代的有14种，明代方志今存1014种，清代方志现存5685种，民国则有1571种。现存旧志的点校、整理、出版，大型的有《宋元方志丛刊》，中华书局1990年出版；《天一阁藏明代地方志选刊》（共107种）、《天一阁藏明代地方志选刊续编》，上海古籍出版社出版；《中国地方志集成》，上海书店出版社、江苏古籍出版社、巴蜀书社出版，每个省一套，另有省志辑、乡镇志专辑等，包括了清代和民国的志书，但不全；《中国方志丛书》，何光谟主编，台湾成文出版社从1966年开始陆续出版，共计5359册，按华中、华北、华南、西部、塞北、东北、台湾七大区编排，收录全国各省、府、县旧志（不包括总志、专志），范围超过了《中国地方志集成》；《稀见中国地方志汇刊》，中国科学院图书馆选编，中国书店1992年出版，共50册（本），收录志书201种；《清代孤本方志选》，全2辑，60

册，国家图书馆分馆编，线装书局2001年版；《中国省志汇编》，台湾华文书局1967年8月印行，收录省志37种；《乡土志抄稿本选编》，国家图书馆分馆编，线装书局2002年出版，共16册（本），收录国家图书馆所藏抄稿本乡土志90种；《日本藏中国罕见地方志丛刊》（近百种）、《日本藏中国罕见地方志丛刊续编》（16种，明代11种，清代5种），北京图书馆出版社出版，共搜集流散于日本的中国地方志100余种，均为国内所稀见，其中有些连《中国地方志联合目录》也未著录。故宫博物院、复旦大学图书馆、华东师范大学图书馆、福建师范大学图书馆、广东省立中山图书馆、四川大学图书馆也已将馆藏稀见方志影印出版，其中四川大学图书馆影印出版的方志仅限于四川部分。专业志方面，则有《中华山水志丛刊》《中国园林名胜志丛刊》《中国佛寺志丛刊》《中国祠墓志丛刊》《中国道观志丛刊》《中国风土志丛刊》《中国水利志丛刊》。此外，《四库全书》《续修四库全书》《永乐大典》《古今图书集成》等大型图书，也收录了大量的旧志。

《四库全书》由纪昀、陆锡熊、孙士毅任总纂，自乾隆三十八年（1773）设立四库全书馆，到乾隆四十七年（1782）基本完成，是我国现存最大的一部丛书，总共收录先秦至乾隆间的图书3503种79337卷，分装36304册，按经、史、子、集四部编排，部下又分44类，类下又分子目。《四库全书》先后抄写8部，分别藏于北京紫禁城的文渊阁、圆明园的文源阁、沈阳的文溯阁、避暑山庄的文津阁、镇江的文宗阁、扬州的文汇阁、杭州的文澜阁，另有副本一部，藏翰林院。今存4部，一在北京，为文津阁本；一在兰州，为文溯阁本；一在台北，为文渊阁本；一在杭州，为文澜阁本，曾一度散佚，后抄写补齐。今有台湾"商务印书馆"和上海古籍出版社的影印本，可供利用。

《续修四库全书》是迄今为止我国最大型丛书《四库全书》的续

▲《永乐大典》中《南都繁会图》

编。从1994年开始编纂，历时8年的时间，到2002年4月由上海古籍出版社出版。《续修四库全书》共收书5213种，仍沿袭四库旧例，以经、史、子、集四部分类编排，编成精装1800册，其中经部260册，史部670册，子部370册，集部500册。

《永乐大典》，修于明成祖朱棣永乐年间，解缙等人编纂，是我国历史上最大的类书，也可以说是世界上最早最大的百科全书。全书收集了我国重要图书典籍七八千种，共22937卷，装成11095册，字数3.7亿左右。因历次遭劫，至今国内外仅存370余册，国内得200余册，目前《永乐大典》本，影印本共720卷，仅全书总卷数的3%。有今人马蓉等点校的《永乐大典方志辑佚》，中华书局2004年出版。

至于点校、刊印的单行本方志就多了，其主要的来源，一个是一些历代的名志，如《元和郡县图志》《太平寰宇记》《吴郡志》《吴郡图经续记》《长安志》《万历顺天府志》《南宋临安两志》《四川通志》《桂海虞衡志》《兖州府志》《曹州府志》《台湾府志三种》等，由各出版社点校出版；另一个就是20世纪80年代全国普修新方志以来，各地地方志办公室翻印、内部出版的一些旧志，如湖北麻城市地方志办公室，第一轮修志时就将该地历代旧志加以翻印、出版，其中就包括由章学诚指导编修的《乾隆麻城县志》，为国内所稀见。

认识地方志目录

方志著录始于《汉书·艺文志》所收的各地"歌诗"。其后《隋书·经籍志》《旧唐书·经籍志》《新唐书·艺文志》《宋史·艺文志》《元史新编艺文志》《明史·艺文志》都著录方志,而且都列入史部地理类,没有分出方志一门。《清史稿·艺文志》地理类,辟有"都会郡县之属",包括存目在内,仅收方志350多种。史书的经籍志、艺文志选录方志大都慎重,宁缺不滥。而明清私家藏书目录,如《千顷堂书目》,著录方志多至1620多种。清乾隆时所修的《四库全书》,地理类都会郡县之属仅收四十七种。(《存目》除外)

方志著录在书目中独立一门,始见于《通志·艺文略》地理类,列郡邑、图经二属,《国史经籍志》地理类有图经一门,《万卷堂艺文记》地理类有方州志一门,《淡生堂藏书目》地理类有省会通志、郡邑志等门,总之,古今书目都将方志列入地理类。

方志专题目录始于清末缪荃孙编《学部方志目》,是一种简目。民国初瞿宣颖著《方志考稿》是提要,张维编《陇右方志录》是考录。从此以后,方志目录有简目、提要、考录三种形式。

简目自缪荃孙的《学部方志目》以后,各省市县图书馆、各大专院校等都有公藏方志专目。学校方志专目,始于《南洋中学方志目》。私家方志专目当推任凤苞的《天春园方志目》编得最好,其体裁是将一统志冠于书首。该书目是任凤苞聘当时方志学家沙彦楷、瞿宣颖所编,著录极为准确。国外所藏中国方志,当以《美国国会图书馆藏中国地方志目录》和朱士嘉所编《日本地方志目录》这两部方志目录最为完备。另外,朱士嘉编《中国地方志综录》,是汇合各种方志专目而成,著录方志七千多种。此书已增补修改,称为《中国地方志联合目录》。

方志提要至今仅见瞿宣颖《方志考稿》。方志考录自张维《陇右方志录》以后,其女张委容编《三陇方志见知录》,其中有十四种为其父之书所未收。其他已出版的有张国淦《中国古方志考》,周广业《两浙地方志录》,洪焕椿《浙江地方志考录》(再版作《浙江方志考》)。我国方志自古至今,不胜枚举,已出版的目录只收至郡县志止,其余村镇杂志甚多,无法考录。还有书中有书的情况(如丛书、总集、文集中也收有方志),全国方志目录当然不能全部包括今存所有的方志,如用考录形式,就更为完备。当然,目录著录要有选择,不能散漫无边,以有利于考察目录学的发展为原则。

第三章
秦汉魏晋时期的地方志

秦汉魏晋南北朝时期是中国地方志发展过程中极为重要的阶段。中国地方志虽然在秦汉以前出现了《禹贡》《山海经》这样的志书，但这仅仅是志书的雏形。经过秦汉魏晋南北朝时期的社会变革，各种形式的地方志开始涌现出来，既有全国性总志、图经、郡国地志、都邑簿、地记，也有《华阳国志》这样内容较为全面的志书，并且出现了司马迁、班固、郦道元等综合利用方志的大学问家。《史记》《汉书》《水经注》等名著的产生，体现了地方志书的巨大作用。

第一节　秦汉魏晋地方志概况

■ 秦汉地方志概况

1.《秦地图》开创了总志的先河

秦始皇统一中国后,将"西涉流沙,南尽北户,东有东海,北过大夏"的广袤版图,划为36郡(后增至40郡),每郡辖县若干。县以下十里一亭,十亭一乡,建立了全国范围的严密的政区体制。为适应秦王朝掌握国情、地情的需要,御史编绘了反映政区地理的《秦地图》。

该书原藏于秦丞相御史。秦子婴元年(前206)汉军攻入咸阳时为萧何所获,使刘邦"具知天下阸塞,户口多少,强弱处,民所疾苦者,以(萧)何得秦图书也"。班固编修《汉书》时,在其《地理志》中尝征引使用《秦地图》,其后不见其踪迹,可能在东汉末年亡佚。清代姚振宗《汉书艺文志拾补》

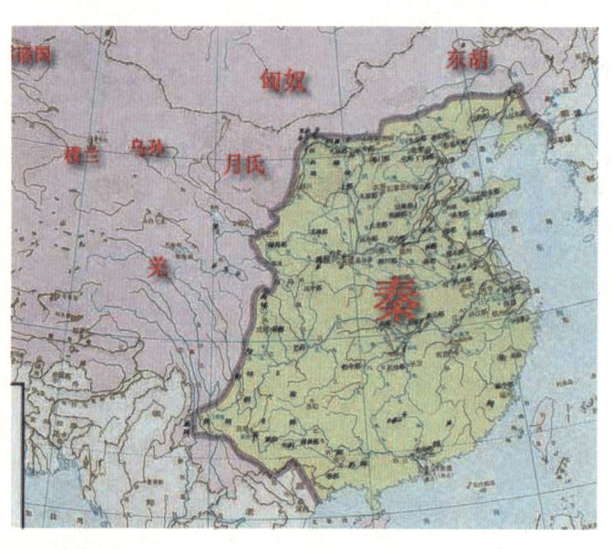

▲ 秦地图

考证：《汉书·地理志》"两引《秦地图》，又引秦厉公、秦惠公、秦孝公、秦惠文王、秦武王、秦昭王、秦文王、秦宣太后、秦始皇，又数称故秦、秦改、秦曰各若干条，似皆《秦地图》中语也。知其书东汉初尚存。及魏晋时裴秀言秘府无秦图，则大抵亡于董卓、（李）傕（郭）汜之乱"。

《汉书·地理志》两引《秦地图》如下：一是"琅邪郡长广（县）"条称：奚养泽"《秦地图》曰剧清地"。二是"代郡班氏（县）"条称："《秦地图》书班氏"。

除此以外，引文虽不直书《秦地图》，但当为《秦地图》之文字者如下：

（1）秦郡名见于《史记》秦本纪、秦始皇纪、匈奴传、东越传等篇者，止有太原郡、上党郡等十九个。除此以外，《汉书·地理志》还记有22个秦郡名，当引自《秦地图》："河东郡，秦置。""河南郡，故秦三川郡。""九江郡，秦置。""沛郡，故秦泗水郡。""钜鹿郡，秦置。""琅邪郡，秦置。""蜀郡，秦置。""巴郡，秦置。""五原，秦九原郡。""云中郡，秦置。""雁门郡，秦置。""上谷郡，秦置。""渔阳郡，秦置。""右北平郡，秦置。""辽西郡，秦置。""辽东郡，秦置。""搪林郡，故秦桂林郡，属尉佗。""日南郡，故秦象郡。""赵国，故秦邯郸郡。""梁国，故秦砀郡。""鲁国，故秦薛郡。""长沙国，秦郡。"上述秦郡名，不见于《战国策》和《史记》，极有可能是班固据《秦地图》所书。

（2）秦创郡县制，但《史记》中提及秦县名者不足10个，《汉书·地理志》所记以下秦县名，极有可能是班固采摘自《秦地图》。如：

京兆尹：新丰（县）"秦曰骊邑"。华阴（县）"秦惠文王五年更名宁秦"。

左冯翊：栎阳（县）"秦献公自雍徙"。"频阳（县），秦厉公置"。

夏阳（县）"故少梁，秦惠文王十一年更名"。临晋（县）"故大荔，秦获之更名"。

右扶风：槐里（县）"周曰大丘，懿王都之，秦更名废丘"。美阳（县）"高泉宫，秦宣太后起也"。雍（县）"秦惠公都之……橐泉宫，孝公起，祈年宫，惠公起，棫阳宫，昭王起"。好畤（县）"有梁山宫，秦始皇起"。虢（县）"虢宫，秦宣太后起也"。

弘农郡：商（县）"秦相卫鞅邑也"。

河东郡：蒲反（县）"蒲，秦更名"。

河内郡：修武（县）南阳"秦改曰修武"。

从以上引文中，可知《秦地图》是一部反映中国郡县历史沿革、政区变化的总志，尽管文字极其简略，但开创性的历史意义不可忽视。

2. 汉武帝规定上报的"计书"是方域志的雏形

汉代是中国历史上疆土空前广大、国家空前强盛的时代。政区体制上，承袭秦代创立的郡县制而有新的变化。即郡级政区实行郡、国并行制，县级政区实行县、侯国、邑、道平行制。至平帝元始二年（2），凡郡国103（郡83、王国20），县邑1314、道32、侯国241。"地东西九千三百二里，南北万三千三百六十八里。"武帝元封五年（前106），置十三部刺史，监察郡国。东汉改刺史部为州。十三州遂成为郡之上的行政区。幅员如此广阔、国家机构无比庞大，如没有自下而上的地情报告制度，供中央决策时参考，是不可能治理好国家的。

汉武帝深知"明于下而智于上"的古训，为掌握各地之地情，在设置太史公官职时，就同时建立了上报计书制度。三国魏人如淳引《汉仪注》谓："太史公，武帝置，位在丞相上。天下计书先上太史公，副上丞相，序事如古《春秋》。"史官，周秦皆有，但位在丞相之上却是首次。这充分表明对史的重视。计书是什么，因历代既无著录，更无文字征引，无从知其真确面貌。但从后人有关记载中得知，计书就是计簿，也叫计偕簿。编造并掌管计书的官员谓之计吏或上计。唐杜佑称："汉制，岁尽（郡太守）遣上计、掾史各一人条上郡内众事，谓之计偕簿。"宋徐天麟指出："条上郡内众事，谓之计簿。"《汉语大字典》解释计簿，即记载户口、土地、赋税与郡内众事之簿册。以今日语境，不妨称之为地情资料。正由于两汉各郡皆"岁尽遣吏上计"，使得朝中能像《尚书·尧典》说的那样"明四目，达四聪"，掌握了国情和地情。

计吏不仅仅是掌管并上报计书，还有写史修志的任务。汉王充《论衡》"佚文篇"载："杨子山（按即杨终，《后汉书》有传）为郡上计吏，见三府为《哀牢传》不能成，归郡作上，孝明（帝）奇之，征在兰台。"唐刘知畿在其《史通》"史官"篇中也论及此事。《哀牢传》记古哀牢国事，是云南省最早的地方史，也是云南方志的始祖。《中国古方志考》著录此书。

以故，《隋书·经籍志》称："武帝从董仲舒之言，始举贤良文学，天下计书先上太史，善恶之事，靡不毕集"；"计书既上太史，郡国之志，固亦在焉。"博极群书的明儒焦竑，明确指出，计书"盖地志之属"。清儒任兆麟亦谓："汉制计书上太史，郡国地志皆在焉。班令史因之撰《地理志》。"美国芝加哥大学历史系教授阿利托的《中国方志与西方史的比较》一文也说："所有早期方志，事实上是向中央政府提供情报的记录，就每个地方的情况，向政府当局提出的报告。"严格说起来，不能将计书与地方志等同，但将其视作方志雏形则不为过。

3."舆地图"与"计书"的结合诞生了图经

舆地图历来是治理国家必不可少的工具。《史记·三王世家》载，元狩六年（前117）武帝立刘闳为齐王时，即"奏舆地图"。东汉光武帝于建武十五年（39）举行封藩大典时，大司空即"上舆地图"。班固《东都赋》亦言："天子受四海之图籍。"1973年，湖南长沙马王堆三号墓出土的西汉初年《地形图》《驻军图》《城邑图》等，是现在仅存的汉代地图。图的范围包括今湖南、广东两省和广西壮族自治区的一部分，图中包括山脉、河流、居民点、交通网络。其内容之丰富，绘制之准确，足以证明汉代的地图事业已相当发达。这样，计书与舆图相结合的图经，便逐渐产生。

东汉桓帝永兴二年（154）的《巴郡图经》是现在已知的最早图经。巴郡，本巴国地，秦惠文王二十二年（前316）灭巴国置郡，汉时治江州县（今重庆市）。领江州、宕渠、朐忍、阆中、鱼复、扞水、临江、枳、涪陵、垫江、安汉、平都、宣汉、汉昌等14县。《巴郡图经》见于《华阳国志·巴志》的征引。

引文为：

汉桓帝永兴二年，巴郡太守泰山但望上疏曰："谨案《巴郡图经》，境界南北四千，东西五千，周万余里，属县十四，盐铁五官，各有丞史。户四十六万四千七百八十，口百八十七万五千五百三十五。远县去郡千二百至千五百里，乡亭去县或三四百，或及千里。"

其中，户数多于《后汉书·郡国志》所载顺帝（124—144年）初年的310691，口数也多于1086049。表明20多年人口的迅猛增长。这段不足百字的文字，说明了巴郡的疆域、建置、户数、人口，是具有代表性的地方志语言和写法。

广陵郡（今江苏扬州），历史悠久，人杰地灵。东汉校书郎王逸为之撰写了《广陵郡图经》。唐李善为《文选·鲍昭（芜城赋）》作注时引："王逸《广陵郡图经》曰，郡城，吴王濞所筑。"然有人根据姚振宗《隋书经籍志考证》经部礼类载有"《丧服世行要记》十卷，齐光禄大夫王逸撰。王逸当是王逡转写之误",推断《广陵郡图经》也是南齐王逡之作。此说不妥。李善作注并未写"齐王逸",焉能二者混淆?《广陵郡图经》仍应视为汉王逸之作。此书约唐末丧乱之际亡佚。刘纬毅《汉唐方志辑佚》仅此一引。

4.《南阳风俗传》的编修揭开了编撰地方人物传志的序幕

人物是历史舞台上的主角,先秦、两汉史书就记载众多活灵活现的各种类型的历史人物。然地方写人物传志的却始于东汉。

刘秀打败王莽建立18年的新莽政权之后,定都洛阳,改元建武。因南阳是他的故里,遂置为南都,并令南阳地方官编撰《南阳风俗传》,以彰乡里人文之盛。《隋书·经籍志》肯定其首创的意义说:"后汉光武始诏南阳撰作《风俗传》,故沛、三辅有耆旧节士之序,鲁、庐江有名德先贤之传。郡国之书,由是而作。"刘秀在位期间,还命长安的京兆尹撰写了《京兆耆旧传》。由此看来,刘秀是中国历史上第一个下令修人物传志的皇帝。可惜刘秀倡修的两部方志未留下文字痕迹。但东汉、三国期间确也涌现出不少人物传志。

如:三国魏周斐撰《汝南先贤传》,写了汝南郡(今河南东南部跨安徽界)的48个汉代著名人物。从所辑佚文看,不是系统写人物之一生,而是抓住闪光亮点一事一记。如写累官太尉的陈蕃:

陈蕃,字仲举,汝南平舆人。有室荒芜不扫除,曰:"大丈夫

▲ 东汉光武帝刘秀像

当为国家扫天下。"值汉桓之末，阉竖用事，外戚豪横，及拜太傅，与大将军窦武谋诛宦官，反为所害。（《世说新语》卷一"德行"注）

如写汝阳人周举：

周举为并州刺史，太原一郡旧俗以介子推焚骨，有龙忌之禁。至其亡月，咸言神灵，不乐举火。由是，土人每至冬中，辄一月寒食，莫敢烟爨，老少不堪，岁多死者。举既到，乃作吊书，以置子推之庙，言："盛冬止火，残损人命，非贤者之意。以宣示愚民使还温食。"于是众惑稍解，风俗颇革。（《太平御览》卷二六"冬"）

如写宋（今河南商丘）人郭宪：

郭宪，字子横，建武中为光禄勋。车驾西征，隗嚣谏曰："天下初定，车驾未可动。"宪乃当车，拔佩刀以断车鞅。帝不从，遂上陇。其后颍川兵起，乃回驾而还。帝叹曰："恨不用光禄之言也。"（《太平御览》卷四五七"谏诤"）

5.《汉书·地理志》是首部按政区编撰的总志

班固之父班彪，扶风安陵（今陕西咸阳东北）人，学富五车，以《史记》写至汉武帝为憾，发愿继续写完西汉一代之史，作《后传》65篇而卒。班固从建武三十二年（54）起继承其父遗志，加工整理已有的65篇，并补充、新增众多篇幅，至建初八年（83），用30年时间撰著了《汉书》。这是中国第一部纪传体断代史。上起高祖，下终王莽，包括230年的史事，计十二纪、八表、十志、七十列传，凡一百篇。原名《前汉书》，唐以后多称《汉书》。《地理志》为十志中的一志，是中国首部按政区编撰的"区域性总志"。

此志由三部分组成。

第一部分，转录了《尚书·禹贡》和《周礼·职方》，将其作为古代政区的沿革，只是作了少许文字修改。

第二部分是该志的主体，篇幅占全志的三分之二。以汉平帝元始二年（2）的103个郡国为纲，以其所属1587县（侯国）为目，分别记录了各地的建置沿革、户籍、人口、山川、水利设施、重要聚落、关塞、古迹等。这一部分内容最丰富，实用价值最高，是全志的精华。如：

上党郡，秦置，属并州。有上党关、壶口关、石研关、天井关。户七万三千七百九十八。口三十三万七千七百六十六。县十四：长子……屯留……余吾……铜鞮……沾……涅氏……襄垣……壶关……泫氏……高都……潞……降氏……阳阿……谷远……

如东平国（今山东济宁市、东平县等地）：

东平国，故梁国。景帝中六年别为济东国。武帝元鼎元年为大河郡；宣帝甘露二年为东平国。莽曰有盐，属兖州。户十三万一千七百五十三，口六十万七千九百七十六。有铁官。县七：无盐……任城……东平陆……富城……章亢父……樊……

再如蜀郡绵虒县：

绵虒，玉垒山，湔水所出，东南至江阳入江。过郡三，行千八百九十里。

如对上郡高奴县（今延长县）是这样写的："高奴，有洧水（即石油）可燃。"说明中国是世界上最早认识并利用石油的国家。其价值之珍贵不言而喻。该志用汉地名注释了大量先秦的地名，使后人得以了解先秦地名的确切所在，因而历来是研究先秦、两汉地理的必读经典，也是方志记载当地在先秦、西汉的地理情况的最重要依据。

第三部分是对刘向的"域分"和朱赣的"风俗""辑而论之"。分述秦、魏、周、韩、郑、陈、赵、燕、齐、鲁、宋、卫、楚、吴、粤等故国的世系、沿革、城邑、风俗、物产等。如记古吴地之经济繁荣：

> 吴地，斗分野也。今之会稽、九江、丹阳、豫章、庐江、广陵、六安、临淮郡，尽吴分也……合肥，受南北湖皮革、鲍木之输，亦一都会也……吴东有海盐、章山之铜，三江五湖之利，亦江东之都会也……江南卑湿，丈夫多夭。会稽海外有东鳀人，分为二十余国，以岁时来献见云。

由于志改变了已往地理书的体例，首次以行政区划为纲目，所以后人认为它是一部具有划时代意义的地理书，尊为"地理志的始祖""地方志的发端"。

《汉书》之后，正史仿效其例撰写地理志者，有《后汉书·郡国志》《晋书·地理志》《宋书·州郡志》《南齐书·州郡志》《魏书·地形志》《隋书·地理志》《旧唐书·地理志》《新唐书·地理志》《旧五代史·郡县志》《新五代史·职方考》《宋史·地理志》《辽史·地理志》《金史·地理志》《元史·地理志》《明史·地理志》。《清史稿》也有地理志。

这些总志，既采撷于当时方域志，又为后世方域志和治沿革地理者所依循，同方域志相辅相成，是地方志事业不断发展的动因之一。

■ 魏晋地概况

魏晋南北朝长达近400年之久，战乱频繁，政局多变，王朝更迭不断，是我国历史上最为动荡的时期。但此期间，修志工作却显得相当活跃。志书的数量增多，《隋书·经籍志》著录100余种，《中国古方志考》著录近200种。志书的类型齐全，后世各类志书，此时已渐露端倪，而且在内容、体例方面，也已略具方志气象。究其原因大致有如下几点：

第一，民族大迁徙的需要。西晋以来，北方少数民族凭借铁骑硬弓大批涌入中原。可是，惯于骑射游牧的民族，对中原情况知者不多。为了维持其凭武力建立的政权，急于搜求有关中原的历史、地理、风土民情等情况。这就促进了北方修志事业的发展。例如，后赵石勒令"记室佐明楷、程机撰《上党国记》",南燕慕容德十分器重晏子后人晏谟,授予他尚书郎之职,晏谟为了让慕容德了解齐地情况,撰写了《齐地记》2卷。另外,由于中原战乱不止,世家大族率其宗族、乡里、宾客、部曲越淮渡江,纷纷南迁。政府为了安置大量南渡人口,不得不"取旧壤之名,侨置郡县"(《隋书·食货志》)。于是出现了一批以北方州、郡、县旧名命名的"侨州郡县"。由此产生了一批相应的侨置州郡的志书。如山谦之《南徐州记》、郭仲产《南雍州记》、虞孝敬《广梁南徐州记》等等。同时,南渡的世家大族中,有些士者参与朝政,有的做了地方官。但他们毕竟是"北人",对江南的山川风土并不熟悉,也需要搜求各种有关地情,于是又促使了南方志书的发展。特别是江南的名山胜水,也使他们大开了眼界,一批州郡志、山水记因此相继产生。如盛弘之《荆州记》、刘澄之《永初山川古今记》等名志就是在此期间所纂。

第二,整顿版图、户籍的产物。魏晋以来,王朝更替频繁,政区屡经改变,人民流徙,户籍混乱,使为政者难于管理。在此时,世家大族为了一己一私,荫庇户口,比比皆是。这势必使赋税、兵源流失,使皇朝陷于困境。鉴于此,历朝政府都大力整顿版图,清理户籍。东晋及南朝实行的土断制,就是整顿户籍的重要措施。所谓土断,就是不论本籍还是侨寓,都编入所居郡县的户籍纳税服役。由于整顿版图、户籍,相应也促进了地记的编纂,如晋《太康三年地记》《元康三年地记》、宋《元嘉六年地记》、齐《永元元年地记》《永元三年地记》等。

第三,出于战争的需要。近400年不息的战乱,交战双方都需要了解本国及敌国的国情。例如,山川、道路、桥梁、津渡、城池、要塞、险阻,乃至于人口、赋税、民情等等,以利于知己知彼,克敌制胜。裴秀在《禹贡地域图序》中所说的"图记"应属此类性质的方志。而西晋王濬灭吴时"收其图籍"中的"图籍",亦应包含有志书性质的资料。也许，其中就有不少是地方志。因为古人常泛指方志类书为图籍。由于战争本身的需要，以及战后派官治理地方的急需，促进了当时修志事业的兴旺。

魏晋南北朝时，志书面世的种类相当齐全。有图经，如《幽州图经》《冀州图经》《齐州图经》等；有图记，如《后魏州地图记》《周地图记》等；有郡书，如周斐《汝南先贤传》、陈寿《益都耆旧传》等；有地志，如谯周《益州志》、顾野王《舆地志》、阚骃《十三州志》等；有异物志，如万震《南州异物志》、谯周《巴蜀异物志》、嵇含《南方草木状》等。而更重要的，此时出现了大量地记，可谓盛极一时。

据《中国古方志考》著录粗略统计，这个时期的地记有107种，占同期各类志书总和的一半以上。现知秦汉的地记不超过十种，隋唐以后地记也不多，唯独魏晋南北朝时期地记最发达。有记全国的，如晋《太康地记》、荀绰《九州记》等；有记州郡的，如蜀谯周《三巴记》、宋盛弘之《荆州记》等；有记一县的，如吴顾微《吴县记》等；有记都城的，如晋陆机《洛阳记》、北朝徐之才《宗国都城》等；有记山川的，如晋罗含《湘中山水记》、宋刘澄之《永初山川古今记》等；有记岁时节令的，如南朝宗懔《荆楚岁时记》；有记寺庙的，如北朝杨衒之《洛阳伽蓝记》等等。

由于时代已远，此时地记又多散佚，其内容与体例已难明了，只能从古籍征引及清代辑佚的书中略知一二。

成书于三国时期的

▲ 禹贡地域图序

顾微《吴县记》，是现知较早的县志。而晋武帝太康三年（282）编纂的《太康地记》，亦称《太康三年地记》或《太康地志》、洪亮吉认为是方志中"断代为书，建元表号"之始（《乾隆府厅州县图志序》，《卷施阁文甲集》卷八）。《太康地记》系全国性的总志，全貌已不可知，它所记述的内容主要属于地理方面，如记述全国州郡建置、沿革、地名释义，并兼记城池、古迹、传说等，至今尚未发现它有历史方面的内容记载。而成书于西晋的荀绰《九州记》中的《冀州记》及《兖州记》中均有人物传记及历史方面内容。大概魏晋南北朝时盛行的地记，在注重地理内容的记述外，还兼及人物历史的叙述。但至今仍未发现此时的地记有政治、经济方面的内容。

在地记数量大增的基础上，魏晋南北朝出现了地记丛书。

南朝齐陆澄"聚一百六十家之说，依其前后远近，编而为部，谓之《地理书》"（《隋书·经籍志》）。陆澄的《地理书》是地方志发展史上第一部地方志丛书。南朝梁任昉在陆澄《地理书》的基础上，又增"八十四家，谓之《地记》"。任昉《地记》共收244部志书，是集地记大成的一部丛书，其中绝大部分为魏晋南北朝时的作品。

由于陆澄、任昉的两部方志丛书的编辑，使南北朝以前的志书得以保存。后来虽大多亡佚，但今天仍可从唐、宋诸书的征引中了解南北朝以前方志发展的大概，这点不能不归功于陆澄、任昉。

兴起于东汉，以记述人物为主的郡书在魏晋时仍有所发展。例如，魏王基《东莱耆旧传》、苏林《陈留耆旧传》、周斐《汝南先贤传》，吴陆凯《吴国先贤传》、徐整《豫章烈士传》、陆胤《广州先贤传》、谢承《会稽先贤传》，晋张勃《吴录》、陈寿《益都耆旧传》、习凿齿《襄阳耆旧传》、张方《楚国先贤传赞》、范瑗《交广先贤传》等等。据《中国古方志考》著录统计，魏晋时的郡书约有20多部。

但到了南北朝时，郡书呈衰落态势。《中国古方志考》所录此时郡书有刘义庆《徐州先贤传》《徐州先贤传赞》《江左名士传》，萧绎《丹阳尹传》，刘芳《广州先贤传》，宋孝王《关东风俗传》等不足10部。究其衰落原因，除了因为在志书中的人物传已取代了郡书功能外，还因为南北朝时九品中正制的弊端愈来愈明显。掌握品评人物大权的中正官，由"著姓士族"来充任，改变了原来"以论人才优劣，非为世族高卑"（《宋书·恩幸传论》）的宗旨，出现了"上品无寒门，下品无势族"的局面。这种以门户用人，寒门素族不为人所重视的现实，也影响了郡书的继续发展，出现了"家传盛，而郡国书衰"（余嘉锡《四库提要辨证》卷七）。

魏晋南北朝时的郡书，不但记述人物，而且出现了记载地理的内容。如晋习凿齿《襄阳耆旧传》，历来因其载人物而被视为郡书，称"传"，如《续汉书·郡国志注》《新唐书·艺文志》等；但书中又有载山川、城邑、牧守等内容，又被人视为"地记"，称《襄阳耆旧记》，如《隋书·经籍志》《郡斋读书志》等。此外，有些郡书除了记人物，还载入艺文的内容，如北齐宋孝王《关东风俗传》，既有人物的志述，又有《坟籍志》，记述了大量艺文的内容。

正因荀绰《九州记》等地记，突破了专记地理的局限，载入大量人物传；习凿齿、宋孝王突破了郡书专记人物的局限，在《襄阳耆旧传》《关东风俗传》中载入山川、城邑、牧守、艺文等内容，说明魏晋南北朝时，已出现了地记、郡书逐渐靠拢合一的苗头，为后世定型方志做了有益的尝试。

在魏晋南北朝，出现了一些异物志。异物志，目前仍认为最早出现的是东汉杨孚的《南裔异物志》。魏晋南北朝的异物志，有三国吴万震《南州异物志》、沈莹《临海水土异物志》、薛莹《荆扬已南异物志》，蜀谯周《巴蜀异物志》，晋嵇含《南方草木状》、徐衷《南方草物状》、佚名《凉州异物志》等等。

此时的异物志今天仅存《南方草木状》，其余均已亡佚。《南方草木状》"凡分草、木、果、竹四类，共十八种"。全书以先分类，类下分种的形式撰写。其体例采用横排门类，然后纵述事实的二级志目。

值得一提的是三国吴丹阳太守沈莹撰写的《临海水土异物志》，是地理价值、历史价值甚高的志书。此书北宋末年已亡佚，但此前引用者甚多，故今仍能知其部分。后人陶宗仪、洪颐煊均有辑本。是书另有多个别名，如《临海水土物志》《临海水土记》《临海异物志》《临海记》等。书中不仅大量记载浙江沿海的物产，还涉及山川。尤为珍贵的是作者给我们留下了有关台湾最早的文字记载。

此外，魏晋南北朝时，部分异物志及个别风土记在撰写文体上采用以韵语为正文，以散文为注释的方式，也就是赋体文体例。例如，万震《南州异物志》，佚名《凉州异物志》《阳羡风土记》等。

在东汉乃至魏晋时，出现过不少有名的赋体文。如班固《两都赋》、张衡《二京赋》、晋左思《三都赋》等，后人争相仿效，赋体文成为一种时尚，志书作者亦有仿效者实不足为怪。并且，在郡书中往往有"先贤赞""耆旧赞"等"赞"，用以评论人物。"赞"亦是一种韵文，自然也会影响其他志书。

不过赋体文美则美，但由于受韵律限制，影响志书内容全面、充分的记载。因此，南北朝后，这种华而不实的志书已不多见。

魏晋南北朝时期的地方志数量不少，但留存至今的并不多。这时期有三部志书无论从内容还是撰写形式上更接近日后的地方志。

第二节　秦汉魏晋名志举要

■《三秦记》

《三秦记》为汉代辛氏之作。辛氏，据清王谟考，在汉代为陇西大姓，然佚其名。三秦，前已述及。是书宋初尚存，北宋末年亡佚。北魏《水经注》、唐宋类书、史注多有征引。明陶宗仪及清王谟、张澍均有辑佚。今《汉唐方志辑佚》辑其佚文53则、4000余字。记载三秦大地县邑之沿革、地名由来、山脉、河流、沙漠、古迹等等。多详于《汉书·地理志》，历史价值极高。如写沿革与地名由来者：

成阳，秦所都也。在九峻山南、渭水北。山水俱阳，故名成阳。胡亥时，阎乐为成阳令。（《太平寰宇记》卷二六"成阳县"）

霸城，秦穆公筑为宫，因名霸城，汉于此置霸陵。（《史记·高祖本纪》正义）

如写山脉者：

仇池县界本名仇维山，上有池，故曰仇池。在仓、洛二谷之间。常为水所冲激，故下石而上土。形似覆壶。（《后汉书·郡国志》注）

龙门山，在河东界。禹凿山断门，阔一里余。黄河自中流下，两岸不通车马。每暮春之际，有黄鲤鱼逆流而上，得者便化为龙。（《太平广记》卷四六六"龙门"）

如写水体者：

泾、渭合流，三百里清浊不杂。（《北堂书钞》卷一五"八泾"）

骊山西北有温水，祭则得入，不祭则烂人肉。俗云：始皇与神女游而忤其旨，神女唾之生疮。始皇谢之，神女为出温泉。后人因此浇洗疮。（《水经·渭水注》）

▲ 鲤鱼跳龙门

如最早写沙漠鸣沙现象者：

河西有沙角山，峰崿危峻，逾于石山。其沙粒粗，色黄，有如糒。又，沙角山之阳，有一泉，云是沙井，绵历古今，沙填不满。人欲登峰，必步下入穴，即有鼓角之音，震动人足。（《太平寰宇记》卷一五三"敦煌县"）

■ 《陈留风俗传》

《陈留风俗传》为后汉圈称之作。圈称，字孟举，一作伯举，官议郎。据姚振宗《隋书经籍志考证》二十一：《陈留风俗传》当与《陈留耆旧传》"本为一书，前世著录家乃分出《耆旧传》二卷入杂传，而此《风俗传》入地理，务欲各充其类故也。"按，陈留郡，治陈留县（今河南开封东南陈留城）。是书记陈留郡所辖各县之沿革、古迹等。均详于《汉书·地理志》与《后汉书·郡国志》。为当地珍贵的历史文献。书于北宋末年亡佚。今《汉唐方志辑佚》辑佚文45则、3300字。例举：

封丘者，魏地也，故燕之延乡。六国时，复南属魏。高祖与项氏战，厄于延乡。有翟母者免其难，故以延乡为封丘县，以封翟母焉。（《北堂书钞》卷四八"妇人"）

（长垣）县有防垣，故县氏之。孝安帝以建光元年，封元舅宋俊为侯国，县有祭城，濮渠径其北。郑大夫祭仲之邑也。又，长垣县有罗亭，故长罗县也。汉封后将军常惠为侯国。（《水经·济水注》）

襄邑（今河南睢县），宋地。本承匡襄陵乡也。宋襄公所葬，故曰襄陵。秦始皇以承匡卑湿，徙县襄陵，因曰襄邑。（《汉书·地理志》"陈留郡襄邑县"注）

陈留尉氏县安陵乡，故富平县也。是乃安世所食矣，岁入租千余万。延寿自以身无功德，何堪久居先人大国，上书请减户。天子以为有让，徙封平原，并食一邑，户口如故，而税减半。（《水经·河水注》）

■ 《南州异物志》

《南州异物志》为三国时吴人万震撰。万震，尝官丹阳太守。南州，泛指交州之地，此书记今广东、广西及越南民主共和国等地出产的动植物，因异于中原，故名异物。此书约北宋末年亡佚。其文屡有四字韵语者，清儒侯康以为"此书体例，每物各为一赞语，而别以散文详释其形状。如顾恺之《竹谱》之例"。今《汉唐方志辑佚》辑佚文55则、5000余字。佚文还记及斯调国（今斯里兰卡）、身毒（今印度）、大秦国（今印度南部德干高原）诸国之风物。足见作者视野之宽广、域外地理知识之丰富。例举如下：

象之为兽，形体特诡。身倍数牛，目不逾豨。鼻为口役，望头若尾。驯良承教，听言则跪。素牙玉洁，载籍所美，服重致远，行如邱徙。（《初学记》卷二九"象"）

兽曰玄犀，处自林麓。食唯棘刺，体兼五肉，或有神异，表灵以角，含精吐烈，望如华烛。置之荒野，禽兽莫触。（《艺文类聚》卷九五"犀"）

合浦之人，习水善游，侥视增潭，如猿仰株。入流深鼋，出如轻兔。蹲泥剖蚌，潜窃明珠。（《太平御览》卷三九五"游"）

珊瑚生大秦国，有洲在涨海中。距其国七八百里，名珊瑚树。洲底有盘石，水深二十余丈。珊瑚生于石上。初生白软，弱似菌。国人乘大船载铁网，先没在水下。一年便生网目中。其色尚黄。枝柯交错，高三四尺，大者围尺余。三年色赤，便以铁钞发。其根系铁网于船，绞车举网，还裁凿恣意所作。若过时不凿，便枯索虫蛊。其大者输之王府，细者卖之。（《世说新语》卷六"汰侈"注引）

《三巴记》

《三巴记》又名《巴记》，三国时蜀人谯周撰。谯周，字允南，巴西充国（今四川阆中市）人，官至光禄大夫。入晋累征不起，疾辞以居。《三国志》有传。三巴，即巴郡、巴东郡、巴西郡，其地在今四川省、重庆市。是书为四川、重庆两地有佚文可辑的最早方志。元胡三省注《资治通鉴》时还引用，约亡佚于元代末年。据《汉唐方志辑佚》摘录几则。

初平六年，荆州帐下司马赵韪建议分巴郡诸县，安汉以下为永宁郡。建安六年，刘璋改永宁为巴东郡，治鱼复县。蜀先主章武二年，改鱼复为永安。以涪陵县分立丹兴、汉葭二县。立巴东属国都尉，后为涪陵郡。（《宋书·州郡志》"荆州"、《资治通鉴》"魏咸熙元年"注）

初平四年，分充国为南充国。（《宋

▲ 谯周像

书·州郡志》"益州")

建安六年，刘璋分巴郡垫江以上为巴西郡。(《宋书·州郡志》"益州")

和帝永元中，分宕渠之地置汉昌县，属巴郡。夷人岁入賨钱，口四十，谓之賨民。(《资治通鉴》"汉建安五年"注)

阆、白二水合流，自汉中至始宁城下入武陵。曲折三回，有如巴字，亦曰巴江。经峻峡中谓之巴峡，即此水也。(《太平御览》卷六五"巴字水")

阆中有渝水，賨民锐气喜舞。高祖乐其猛锐，数观其舞，使乐人习之。故名巴渝舞。(《艺文类聚》卷四三"舞")

巴国有乱，巴国将军毕曼子请师于楚。楚人与师。曼子已平，既而楚遣使请城。曼子曰："吾诚许子之君矣，持头往谢楚王，城不可得。"乃自刎以头与楚子。楚子叹曰："吾得臣若巴曼子，何以城为？"乃以上卿礼葬曼子头，巴国葬其身亦然。(《太平御览》卷五五六"葬送")

■ 《畿服经》

《畿服经》，晋太常卿、京兆长安人挚虞（字仲洽）撰写。挚虞是位才学通博、著述等身的学者，在《晋书》里有传。

《畿服经》原书已佚，具体内容只能在《隋书·经籍志》略知一二。《隋书·经籍志》说："晋世，挚虞依《禹贡》《周官》作《畿服经》，其州郡及县分野、封略、事业、国邑、山陵、水泉、乡、亭、城、道里、土田、民物风俗、先贤旧好，靡不具悉。凡一百七十卷，今亡。"畿者京畿，即指京城周围而言；服者取五服、九服之意，指京畿以外的地区。畿服意思是记载京城和其他各地区的内容。所以说它是一部全国性的地理志。今天我们能看到的，是清代王谟辑佚，收入《汉唐地理书钞》中的三则记载。而这些记载主要来自《水经注》《后汉书·郡国志》征引的只言片语。从《隋书·经籍志》的记载可以知道，该书门目之多，内容之广，为前世所未有。作为地理书，其中还记载人物，故谢启昆认为此书"实后世方志之祖"，有一定的道理。

■ 《十三州志》

《十三州志》为阚骃撰。阚骃字玄朗，敦煌人，仕北凉秘书考课郎中，尝"典校经籍，刊定诸子三千余卷"。北凉亡后入北魏。《魏书》有传。当时南北朝对峙，但阚骃胸怀全国，所著总志名《十三州志》者，缘于汉武帝时划全国为十三州。故是志以北朝为主，兼记南朝地域史事。著名史学家刘知幾评价此书："地理书者若朱赣所采，浃于九州。阚骃所书，殚于四国。斯则言皆雅正，事无偏党者矣。"《隋书·经籍志》著录十卷，《旧唐书·经籍志》谓十三卷，《新唐书·艺文志》则谓十四卷。此书约在北宋末年亡佚。清代王谟尝从《水经注》《北堂书钞》《史记正义》中辑241条，约6000字，汇入《汉唐地理书钞》。后甘肃武威学人张澍从王氏未曾寓目的《颜氏家训》《玉海》《博物志》中又钩沉50多条，并对王氏所辑作了校订，刻入《二酉堂丛书》。二辑本相较，以张氏所辑为佳，不仅所辑较多，而且对所辑佚文多加校勘注释。就辑本而言，所记有新旧县名、山水、古迹，系以方位、沿革、水利工程、民族风习等。

■ 《广州记》

《广州记》，晋裴渊撰。裴渊，籍贯、生卒不详。文廷式在《补晋书艺文志》记载：裴渊《广州记》二卷。《太平御览经史图书纲目》

里也记有：裴渊《广州记》。《北堂书钞》卷一三六引裴渊《海东记》，卷一三八又引裴渊《南海记》，均为《广州记》的异名。晋时的广州，领南海、临贺、始兴、始安、苍梧、郁林、桂林、高凉、高兴、宁浦10郡及所属68县。治番禺，即今广东广州。

刘纬毅编著《汉唐方志辑佚》从《北堂书钞》《艺文类聚》《初学记》《齐民要术》《太平御览》《太平寰宇记》等类书、地志中，辑录了《广州记》的一些内容。从辑录的文字看，包括各郡县山川、河流、亭台、物产。其中还有各种药材（如当归、云母、麦门冬等），各种水果（如桃、柚、橘等），瓜果蔬菜的记载特别详细，说明《广州记》使用价值很高。

此外，这一时期还有两部《广州记》。一部是晋顾微撰，另一部未署撰者。对于后一部《广州记》，从引书与内容看，可能为裴渊或顾微所撰。

第三节　秦汉魏晋时期的方志学家

■ 裴秀

裴秀，字季彦，晋河东闻喜人。仕魏为散骑常侍，武帝立，拜尚书令，进司空，封钜鹿郡公。裴秀初职在地官，深究舆地之学，著《禹贡地域图》《冀州记》《雍州记》等。《禹贡地域图》

十八篇，图亡序存，序谓："萧何尽收秦之图籍。今秘书既无古之地图，又无萧何所得，惟有汉氏《舆地》及《括地》诸杂图。各不设分率，又不考正准望，亦不备载名山大川。虽有粗形，皆不精审，不可依据。"裴秀因是作《禹贡地域图》，分六体：分率，所以辨广轮之度；准望，所以正彼此之体；道里，所以定所由之数；高下、方邪、迂直，此三者各因地制宜。惜此图不传，又作《地形方丈图》，亦佚。裴秀所纂州郡记，《冀州记》佚，有金溪王氏《汉唐地理书抄》辑本，犹可见其书佚文，《史记·封禅书》司马贞《索引》引其书。《雍州记》佚，《太平御览》《太平寰宇记》引其佚文。

山谦之

山谦之，南朝宋人。元嘉初以史学生为史学学士，出为棘阳令。孝武时以奉朝请受诏修史，使踵成何承天《宋史》。元嘉间何承天草创《宋书》，纪、传及天文、律历二志，止于武帝时，所缺纪、传、志由山谦之续补，未竟稿而卒。山谦之通史学、天文、舆地，为文章浩博。《隋书·经籍志》著录：梁《宋棘阳令山谦之集》十二卷，久佚。又纂《吴兴记》《南徐州记》《寻阳记》《丹阳记》。《隋志》著录《吴兴记》三卷，山谦之撰。此记叙述吴兴十县事，时吴兴郡领乌程、故鄣等十县。清章宗源《隋志考证》谓："《续汉书·郡国志》注引《吴兴记》云：中平中分故鄣置安吉县，兴平二年分乌程为永县。"《太平寰宇记》江南东道所引《吴兴记》佚文甚多。此记久佚，有清康熙间乌程董斯张辑佚文一卷《湖录经籍志》载，又有《汉唐地理书抄》辑本、乌程严氏辑本、江阴缪氏辑本、蒲圻张氏《大典》辑本。《南徐州记》二卷，已佚。有《汉唐地理书抄》辑本、蒲圻张氏《大典》辑本，民国叶昌炽辑《南徐州记》一卷（《击淡庐丛稿》稿本收），其中录《草堂诗笺》卷八一条，文云："京口，《禹贡》北江也。春秋分朔辄，有大涛至，激赤岸尤更迅猛。"可见山谦之所撰地记之书，为文雄肆。《寻阳记》佚，《太平御览》《舆地纪胜》引录佚文，有张氏《大典》辑本。寻阳，晋、宋置江州寻阳郡，隋为九江郡，唐、宋为江州浔阳郡，元为江州路，明、清为九江府。唐、宋以后"寻"始作"浔"。《丹阳记》佚，《隋志》著录时亡其卷，《太平御览》引其佚文，有张氏《大典》辑本。

顾野王

顾野王，字希冯，陈吴郡吴人。梁时为史学博士，深知梁事。陈文帝天嘉中任撰史学士，宣帝时任国子博士，后主立任太子率更令领大著作、掌国史。顾野王七岁读五经，略知大旨，长而遍观经史、天文、舆地、术数之书，通文字学，又善丹青，尝为梁宣王绘"古贤像"。著有《玉篇》《符瑞图》《顾氏谱传》《分野枢要》《续洞冥记》《玄象表》《通史要略》《国史纪传》等。尤深知方志之学，据《南史·顾野王传》载："野王年十二随父之建安，撰《建安地记》二篇。"按《晋书·地理志》谓："扬州建安郡，秦闽中郡地。"建安为福建延平、建宁、邵武三府地，此书开福建方志之先河。又抄撰众家地志之书，作《舆地志》三十卷，始成总志之雏形。《隋书·经籍志》和两《唐书》经籍志、艺文志均著录此书。又作《十国都城记》《唐书·艺文志》《通志·艺文略》《国史经籍志》均著录为十卷。顾野王著作丰富，惟《玉篇》犹存。

知识拓展

秦汉三国佚志简目

《秦地图》 《汉唐地理书钞》辑。

《汉舆地图》 《汉唐地理书钞》辑。

朱赣《地理书》 《汉书·地理志》载：成帝时"丞相张禹使属颍川朱赣条其风俗"。姚振宗《汉书艺文志拾补》书其名为"朱赣《地理书》"。

汉辛氏《三秦记》 《说郛》《汉唐地理书钞》《二酉堂丛书》《汉唐方志辑佚》辑。按，项羽灭秦后，分其地为雍、塞、翟三国，谓之三秦。在今陕西、甘肃东部。

汉《长安图》 清姚振宗《后汉艺文志》二存目。

汉司马相如《蜀本纪》 姚振宗《汉书艺文志拾补》五存目。

汉严君平《蜀本纪》 姚振宗《汉书艺文志拾补》五存目。

汉郑廑《蜀本纪》 姚振宗《汉书艺文志拾补》五存目。

汉赵谦《巴蜀耆旧传》 侯康《补后汉书艺文志》三存目。

后汉《三辅黄图》 《经训堂丛书》《四库全书》本。按，汉时右扶风、京兆尹、左冯翊辅以京师，谓之三辅，在今陕西中部。

《三辅耆旧传》 清姚振宗《后汉艺文志》二存目。

东汉《京兆耆旧传》 清侯康《补后汉艺文志》三存目。

东汉杨震《关辅古语》 清顾櫰三《补后汉艺文志》五存目。

东汉杨修《西京图》 清姚振宗《后汉艺文志》三存目。

东汉王褒《云阳记》《汉唐地理书钞》辑。按，云阳在今陕西淳化西北。

东汉卢植《冀州风土记》 《汉唐方志辑佚》辑。

东汉李恂《幽州山川屯田聚落》 顾櫰三《补后汉艺文志》五存目。

东汉圈称《陈留风俗传》 《汉唐地理书钞》《汉唐方志辑佚》辑。

东汉圈称《陈留耆旧传》 《隋书·经籍志》二著录。

东汉袁汤《陈留耆旧专》 顾櫰三《补后汉书艺文志》五存目。

东汉朱玚《九江寿春记》 《汉唐方志辑佚》辑。

东汉《巴郡图经》《华阳国志》引，顾櫰三《补后汉书艺文志》五存目。

东汉杨终《哀牢传》 《汉唐地理书钞》《汉唐方志辑佚》辑。按，古哀牢国，在今云南保山一带。

东汉杨孚《交州异物志》（又名《南裔异物志》《异物志》） 《汉唐地理书钞》《岭南丛书》《汉唐方志辑佚》辑。

东汉杨孚《临海水土记》 《汉唐方志辑佚》辑。

东汉《会稽贡举谱》 姚振宗《后汉艺文志》二存目。

东汉崔瑗《南阳文学官志》 清严可均《全后汉文编》辑。

东汉王粲《荆州文学记官志》 清严可均《全后汉文编》辑。

东汉《沛国耆旧传》 清姚振宗《后汉艺文志》二存目。

东汉应劭《地理风俗记》 《汉唐地理书钞》辑。

东汉应劭《十三州记》 侯康《补后汉书艺文志》三存目。

《司空郡国舆地图》 姚振宗《后汉艺文志》二存目。

《张衡地形图》 侯康《补后汉书艺文志》三存目。

魏张宴《地理记》 姚振宗《三国艺文志》二存目。

魏苏林《陈留耆旧传》 《汉唐方志辑佚》辑。

魏卢毓《冀州论》 《汉唐方志辑佚》辑。

魏何晏《冀州论》 《汉唐方志辑佚》辑。

魏周斐《汝南先贤传》 《汉唐方志辑佚》辑。按，汝南郡在今河南东南部。

魏阮籍《宜阳记》《汉唐方志辑佚》辑。按，魏宜阳郡在今河南宜阳县。

魏阮籍《秦记》 《汉唐方志辑佚》辑。

魏崔玄山《濑乡记》 《汉唐方志辑佚》辑。按，濑乡，系老子故里，在今河南鹿邑县东。

魏杨元凤《桂阳记》 《汉唐地理书钞》《荆湘地记》《汉唐方志辑佚》辑。按桂阳郡，在今湖南郴州。

蜀诸葛亮《哀牢国谱》 姚振宗《三国艺文志》二存目。

蜀谯周《三巴记》 《汉唐方志辑佚》辑。按，三巴，即巴郡、巴东郡、巴西郡。其地在今四川、重庆。

蜀谯周《益州志》 《汉唐方志辑佚》辑。按，益州，在今四川成都。

蜀谯周《巴蜀异物志》 《汉唐方志辑佚》辑。

《永昌郡传》 《汉唐地理书钞》《汉唐方志辑佚》辑。按，永安郡，在今云南保山县。

吴顾启期《娄地记》 《汉唐方志辑佚》辑。

吴薛莹《荆扬巳南异物志》 《汉唐方志辑佚》辑。按，荆扬巳南，泛指长江以南地。

吴陆胤《广州先贤传》　《汉唐地理书钞》《汉唐方志辑佚》辑。

吴万震《南州异物志》　《汉唐地理书钞》《汉唐方志辑佚》辑。

吴朱育《会稽土地志》（又名《会稽记》）　《汉唐地理书钞》、鲁迅《会稽郡故书杂集》《汉唐方志辑佚》辑。

吴谢承《会稽先贤传》

鲁迅《会稽郡故书杂集》《汉唐方志辑佚》辑。

吴陆凯《吴先贤传》　《三国文编》《汉唐方志辑佚》辑。

吴韦昭《吴兴录》　《汉唐方志辑佚》辑。

吴韦昭《三吴郡国志》　《汉唐地理书钞》《汉唐方志辑佚》辑。

吴顾微《吴县记》　《汉唐方志辑佚》辑。

吴徐整《豫章旧志》　《汉唐方志辑佚》辑。

吴徐整《豫章列士传》　《汉唐地理书钞》《汉唐方志辑佚》辑。

吴张胜《桂阳先贤传》（又名《桂阳先贤画赞》）　《汉唐地理书钞》、严可均《全三国文编》及《汉唐方志辑佚》辑。

吴沈莹《临海水土物志》（又名《临海水土异物志》《临海异物志》《海临水土志》）　《汉唐地理书钞》、洪颐煊辑本、《汉唐方志辑佚》辑。

第四章
隋唐五代时期的地方志

　　隋唐时期，国家大一统局面形成，政治、经济、艺文等内容有所增加，但仍详于地理而略于人文，明显地反映出地理书的影响，在方志理论方面，强调实用，重视前人史志编修理论。隋唐时期社会安定，经济文化繁荣昌盛促进了地方志的发展，志书遍及全国各地。

第一节 隋唐五代地方志概况

■ 隋唐五代的发展时期

隋文帝杨坚于开皇九年（589）灭了偏安一隅的南朝陈后主后，结束了西晋以来长达近300年之久的分裂割据状态，实现了我国历史上第三次大统一。统一是历史发展之必然，是时代潮流之所趋，即古人所谓"大一统者，天地之常经，古今之通谊也"。杨隋统治中国虽然仅30年，但它为了巩固中央集权的大一统而创立的一些制度，如中央政府的三省六部制、选拔官吏的科举制、地方官员的回避制，却为李唐及以后历朝封建统治者所沿袭采行。隋文帝为了加强中央集权，于开皇十三年（593）下令："有撰集国史、臧否人物者皆令禁绝。"从此我国地理总志和方志，由过去的私修变成了以官修为主、私修为辅，而且一直延续至民国。

隋炀帝在大业中年，"普诏天下诸郡，条其风俗、物产、地图，上于尚书。"这是我国大规模、有组织编修方志的开始。

▲ 隋文帝杨坚像

郡（今越南），北至单于府（今内蒙古），随着国力强盛及经济繁荣，以"图经"为主的地方志，也出现了空前的大发展。

《新唐书·百官志》兵部尚书条载："职方郎中、员外郎各一人，掌地图、城隍、镇戍、烽堠、坊人、道路之远近及四夷归化之事。凡图经非、州县增废，五年乃修，岁与版籍偕上。"又据《唐会要》卷五十九记载："建中元年十一月二十九日，请州图每三年一送职方，今改至五年一造送，如州县有创造及山河改移，即不在五年之限，后复故。"因而唐代图经的遣送成为定制，且成书亦多。韩愈在元和十四年（819）被贬为潮州刺史，离京前即阅《潮州图经》，据此先行了解该地的人文历史情况。赴任途经韶州时，又曾披阅《韶州图经》，并赋诗谓："顾借图经将入界，每逢佳处便开看。"（《将至韶州先寄张端公使君借图经》）张籍在《送郑尚书赴广州》诗中也写道："海北蛮夷来舞蹈，岭南封管送图经。"再如方干《送永嘉王令之任》诗亦有"虽展县图如到县"的诗句。这些诗例，说明以图经为主要形式的地方志，已不是束之高阁的档册，而是在士大夫中广为流传的致用之书。

五代在中国方志史上亦非空白。《五代会要》卷十五兵部职方载：长兴三年（932）五月朝廷批复，"宜令诸道州府，据所管州县，先各进图经一本，并须点勘文字，无令差误……其间或有古今事迹，地里山川，土地所宜，风俗所尚，皆须备载，不得遗漏，限至年终进纳，"可见州府上报图经的制度，五代亦沿用之。清朝末年从敦煌石室中发见的后晋开运二年（945）写的《寿昌县地境》和后汉乾祐二年（949）写的《沙州土镜》，是其明证。因而称隋唐五代为方志史上的发展时期。

■ **隋唐地方总志介绍**

隋唐地方总志约30种，但存世的仅3种，即《贞元十道录》《元和郡县志》《诸道山河地名要略》。在亡佚的总志中,有《括地志》等六种可资钩沉。现简述以下四种。

1. 隋州郡图经

《隋州郡图经》,100卷,郎茂撰。郎茂,字尉之,恒山新市人。北周时为卫国令,入隋,官至太常少卿、尚书左丞。原书约亡于北宋末年。清代王谟有辑本。按其内容可分10类:

记建置沿革者如:"上党南阳,古以为县,实都也。秦并天下置郡,以此为上党郡。楚汉之际,魏豹尽有其地,豹灭入汉,分为河东、太原、上党三郡,高后封惠帝子武为壶关侯,即其地也。"

记名胜古迹者如:"(信都县窦冢)观津东南三里青冢,高三十余丈,周四千步。汉文帝窦后父青,少遭秦乱,隐身渔钓,坠泉死,景帝即位,太后于坠泉所起大坟,号曰窦氏青山。"

记山脉者如:"河东縣三山,即舜所耕历山也。《禹贡》所谓壶口雷首。至于太岳。壶口山在慈州,太岳在晋州,雷首在河东界。此山有九名,谓历山、首出、薄山、襄山、甘枣山、渠猪山、独头山、陑山等名。又汤伐桀升自陑之所。"

记水体者如:"(太原郡)毕发水,今俗亦名妒女泉。大车如轮,水色青碧,百姓祀之,妇人不得艳装衣新彩,临之必兴雨雹,故云妒女,介子推妹也。"

记物产者如:"高邑县房子城出白土,细滑膏润,可以涂饰,兼用濯锦,可致鲜洁。"

记贡赋者如:"榆次龙骨,交城矾石并充贡。"

记史事者如:"光武自蓟南驰至南宫界,遇大雨引车入道旁客舍。冯异抱薪,邓禹燃火,对灶燎衣而去,即此地。"

记交通要道者如:"(石邑县)山团,俗呼为韩信台,又呼为土门口,西入井陉，即向太原路是也。"

记风俗民情者如："并州，其气勇、亢、诚、信，韩魏赵谓之三晋。骠悍盗贼，常为他邦惧。"

记祭祀者如："（武安郡）今赵氏数百家每有祭祀，别设位以祭公孙杵臼及程婴二氏。历代相传，号曰祀客。"

2. 括地志

唐代开国初期，太宗李世民励精图治，贞观年间，政治、经济、文化诸方面已呈现一派欣欣

▲ 太宗李世民

向荣的景象。李氏为巩固其统治，于贞观十三年（639），对当时行政区划进行了全面调整，将全国划分为10道、41都督府、358州、1551县。封为魏王的太宗四子李泰，组织著作郎萧德言等人，编撰《括地志》550卷。此书依当时行政区划，分别记述其建置沿革、山岳形胜、河流沟渠、风俗物产、往古遗迹及人物故事，为当时最完备一最详赡的地方总志。贞观十六年（642）太宗阅后十分赞许，认为："博采方志，得于旧闻。旁求故老，考于传信。内殚九服，外极八荒。简而能周，博而尤要。度越前载，垂之不朽。"此书在唐宋时广为流传，张守节《史记正义》据以注释古代地理。此外，《通典》《路史》《太平御览》《太平寰宇记》等十多种史书、类书及地理志书，也都征引它。所以它的别名很多，如《坤元录》《贞观地记》《魏王地记》《括地图》《括地象》等。可惜于南宋末年丧乱中亡佚。清王谟、孙星衍、王仁俊等都有辑本。今有中华书局出版的贺次君辑本四卷。

3. 元和郡县图志

"安史之乱"后，李唐政局动荡不定，大河南北五十余州为藩镇所据，河西陇右又沦于吐蕃。唐宪宗李纯即位后，拟力挽此种衰乱局面。

此时身为宰相的李吉甫,深感"成当今之务,树将来之势,则莫若版图地理之为切",遂于元和三年(808)撰《元和郡国计簿》,使宪宗了解全国方镇、府州、建县的户口、赋税及兵力情况。此后,李吉甫又于元和八年(813)撰成《元和郡县图志》40卷。此志以关内、河南、河东、河北、山南、淮南、江南、剑南、岭南、陇右十道为纲,按当时军事兼行政区划的47镇,每镇一图一志,分别记载所属州县的差役、户数、乡数、四至八到,开元、元和时的贡赋,以及建置沿革、山川、古迹、关塞、物产等等,使朝廷得以掌握当时全国各地的地理形势,增强了削抑藩镇、收复失地的信念。李吉甫病逝后,宪宗擢用裴度为相,从而铲平了藩镇割据,出现了"元和中兴"局面。因此。清人张驹贤盛赞《元和郡县图志》为"辅治经国之书"。惜其中之"图"早在北宋时即已散佚,流传下来的"志"也只有34卷。尽管如此,仍不愧为我国存世最早的内容浩瀚、体例精到的地方总志,且对后世的地理书、地方志,均产生深远的影响。《四库全书总目提要》认为:"其体例亦为最善,后来虽递相损益,不能出其范围。"此前之地志,往往仅注意沿革、山川、古迹、物产,其他方面很少记载。李吉甫在继承前人成就的基础上,弥补其不足,在《元和志》中增加了辖境、四至八到、户数、乡数、贡赋等,使其范围扩大,内容充实,为后世方志所效法。

4. 诸道山河地名要略

唐宣宗大中五年(851)沙州首领张议潮收复为吐蕃占据的河湟十一州,携其地图户籍进献,使晚唐的政局出现了转机。宣宗为使其派遣之方镇刺史赴任前即了解当地的地理风俗概况,大中九年(855)命翰林学士韦澳编撰《诸道山河地名要略》一书。因书中有"处分语"的门目,记注宣宗对该地的看法,因而书名又作《处分语》,亦有写作《新集地理书》者。北宋后数百年,此书已不传于世。清代末年从敦煌鸣沙石室中发现其残卷，残卷系九卷中的第二卷。其大部亦为法人伯希和掠走，今藏巴黎国家图书馆，编号为 p2511，罗振玉收入《鸣沙石室遗书》中。其标目为河东道晋州、太原府、代州、云州、朔州、岚州、蔚州、潞州。府州之下，首述建置沿革，后为事迹、郡望地名、水名、山名、人俗、物产。其中蔚州、潞州分别于"物产"后，有"处分语"。据考，

▲ 李忱像

此前之地志，虽有沿革、郡望、山、水、物产等方面内容，但不分门类，不立标目。此书首次按内容分门别类，设置标题，从而使文字内容有条不紊，体例亦趋科学化。残卷可贵的是多有补唐志之疏略者。如代州条记有"今为刺州理所，兼置代北水运使院"。据罗振玉考证，代北水运使院在两《唐书·地理志》与《食货志》中均无记载，仅《新唐书·卢坦传》中有所涉及。再如蔚州之三河冶，《元和郡县志》《旧唐书·地理志》亦均无记载，《新唐书·地理志》仅言蔚州有三河铜冶，而《诸道山河地名要略》所记甚详："三河冶，在飞狐县，元和七年以此冶旧有铸钱炉，铜山数十里，铜镜至多，遂置之炉铸钱，成一万八千贯。"

■ 隋唐地方志的价值

隋唐时期方志继承我国方志"致用"的优良传统，不仅有史料价值，尤富有实用价值。

为了维护和巩固大一统的大唐帝国，唐代方志十分重视同军事攻防攸关的地理形势。诸如山川、形势、关隘、津渡、城邑、堡寨、驿站等，均详加记载，供人们披阅使用。如《江夏图经》今可考的佚文十条，其中有八条记载了静山等八座山的形势。《沙州图经》对州内的十所驿

站，一一介绍其方位、里程、置改时间及得名之由来。如："清泉驿，在州东北四十里，去横涧驿二十里，承前驿路，在瓜州常乐县西南。刺史李无亏以旧路石碛、山险、迂曲、近贼，奏请近北安置。奉天授二年五月十八日勒移就北，其驿置在神泉观左侧，故名神泉驿。今为清泉戍，置在驿旁，因故为清泉驿。"《蛮书》依次载录了从成都府至云南的五十一所驿的驿名以及相互间的里程等，展示了交通地理。

唐代方志对奇特的自然现象更是纤细必记。如《桂林风土记》对七星岩的岩溶洞写得极为逼真："奇特观在府郭三里，隔长河，其东南皆崇山巨壑，绿竹青松，腔峒幽奇，登临险隘，不可名状。有石门，似公府之状而隘，汇烛行五十步，有洞穴，坦平如球场，可容千百人。如此者八九所，约略相似。皆有清泉绿水，乳液葩浆、怪石嵌空，龙盘虎踞。引烛缘涉，竟日而还，终莫能际。"

水资源是哺育人类、发展经济的命脉。唐代方志对水体的记载亦较详密。如《沙州图经》残存的25个门目中，关于水的门目就有8个，即水、渠、壕堑、泽、堰、故堤、盐池水、湖泊。如"水"，详细记述了烽水、甘泉水、苦水及独利河水的发源、流向、长度、流经地势、分水灌溉及其物产情况。再如《信都记》（信都，今河北冀县）载："白沟水，地接馆陶界，隋炀帝导为永济渠，亦名御河。南自相州洹水县界流入，又北难河出焉。盖魏时河难，所以导以利行故渎，故此渎有难之称矣。"

人类赖以生存的物产，也是唐代方志的重要内容。贞元十年（794）尚书左丞袁滋巡视云南，撰写了《云南记》五卷，其书早佚。但我历年所辑佚文中即载有云南出产的稻、茶、桔、橙、柚、梨、桃、李、梅、杏、蒲桃、藤、余甘子、实心竹、槟榔、椰子、大松子等十九种物产。如槟榔条载："云南有大腹槟榔，在枝朵上，色犹青。每一朵有三二百颗。又有剖之为四片者，以竹串穿之，阴干则可久放。其青者亦剖之，以一片青叶及蛤粉和嚼咽，其汁即似咸涩味。云南每食讫，则下之。"类似这样的记载，无疑是研究农业史、了解云南社会生活的宝贵资料。唐代方志不仅关注农产品，对工矿产品亦不疏漏。如《信州图经》（信州，即今江西上饶）载："铅山出铅，先置信州之时铸铅，百姓开采得铅，什而税一。建中元封禁，贞元间置永平监。其山又出铜及青碌。"再如《陵州图经》（陵州在今四川仁寿县）载："陵州盐井，后汉仙者沛国张道陵之所开凿。周回四丈，深五百四十尺。置灶煮盐，一分入官，二分入百姓家，因利所以聚人，因人所以成邑。万岁通天二年，右补阙郭文简奏：卖水，一日一夜，得四十五万贯。"

历来国史均不可能将地方上的大事都载入史册，方志恰能对国史起到拾遗补缺的作用。《蛮书》对六诏一一载明诏主的身世、势力范围及其争斗的史实，并反映了 21 个少数民族的基本情况，是研究南诏国（在今云南）历史的极为珍贵的史料。又如唐代信州析置的武安县，两《唐书·地理志》均不载。而《信安记》却填补了此项空白。称："证圣二年，割常山、须江、饶州之弋阳三县，置武安县，以地有武安山，因以为名。"武安县后废入龙丘县，其地在今浙江龙游县。再如北周武帝时击溃陈将吴明彻，史书对此虽有所书，但"迁其人于灵州"，使荒漠之地有了"崇礼好学"的"江左之人"，促进了灵州经济文化的发展，则仅见于《灵州图经》。

此外，唐代方志还为我们提供了许多关于地名学的知识。以物产命名的地名如饶州，"以山川蕴物珍奇故名饶"（《饶州图经》）。以山脉命名的县名如"邯郸，郸、尽也；邯，山名。谓邯山之所尽也"（《洺州图经》）。以河流命名的县名如赣县："章，贡二水双流至县，合为赣水，其闻置邑，因以名县。"（《虔州图经》）以交通情况命名的地名如通州（今四川达县）："以其居西达三路，故以为名。"（《通州图经》）

第二节　隋唐五代名志举要

■ 《蛮书》

唐樊绰撰的《蛮书》,各书著录的书名很不一致。《新唐书·艺文志·通鉴考异》称《蛮书》,《太平御览》引作《南夷志》,《宋史·艺文志》谓《云南志》,《永乐大典》称《云南史记》,苏颂《图经本草》作《云南记》,又有称《南蛮记》者,盖同书异名,陈振孙《直斋书录解题》云:"《蛮书》十卷,唐安南宣慰使樊绰撰,记南诏事止咸通四年,五年奏文。"

云南历来是祖国的一部分,战国时楚将庄𫏋率兵至此,建立了滇国。汉武帝时遣将军郭昌灭滇国,属益州郡。诸葛亮平定南方置兴古、云南二郡,之后土著大族兴起,六诏声势渐盛。唐开元年间,六诏最南部的蒙舍诏兼并其他五诏,故称南诏国。与唐朝的关系,时而臣服,时而独立,直至天复二年(902)被灭。《蛮书》即主要记述咸通四年(803)以前的云南历史、地理,凡10卷,其目为:云南界内途程、山川江源、六诏、名类(即各民族)、六睑(即六州)、云南城镇、云南管内物产、蛮夷风俗、南蛮条款、南蛮疆界、接连番夷国名。《四库全书总目提要》评价此书:"樊绰亲见蛮事,故于六诏种族、风俗、山川、道里及前后措置始末,撰次极详,实舆志中最古之本。"

《桂林风土记》

成书于唐光化二年(899)的《桂林风土记》,为莫休符撰。《新唐书·艺文志》《崇文总目》均作3卷,《宋史·艺文志》作1卷,今存1卷。莫氏自序称:"前贤撰述,有事必书,故有《三国志》《荆楚岁时记》《湘中记》《奉天记》,惟桂林事述,阙然无闻。休符因退居,粗录见闻,曰《桂林风土记》。"原书作46目,今存42目,为桂林、舜祠、双女冢、伏波庙、东观、越亭、岩光寺、皆家洲、漓山、尧山庙、东山亭、碧浔亭、拜表亭、夹城、独秀峰、欧阳都护冢、海阳山、会仙里、隐仙亭、灵渠、甘岩、张天师道陵宅、牂牁水、如锦潭、仙人山、迁莺坊、府郭、菩提寺道林和尚、开元寺震井、延龄寺圣像、宜州龙开江事、徐氏还魂、石氏灯檠祟、米兰美绩、李给事长歌、宗颜延之、李袭志、卫国公李靖、中书令褚遂良、中书令张九龄、桂州陈都督、袁恕己、张鹭。其内容涉及沿革、名胜、山水、掌故、人物、诗文。其中张固、卢顺之等人诗,为他书所不载;清人彭定求编次《全唐诗》,即据此收录。清人周中孚《郑堂读书记补逸》称:"虽经残缺,亦可宝之帙也。"

《吴地记》

《吴地记》一书,《宋史·艺文志》《直斋书录解题》均谓唐陆广微撰,然《四库全书总目提要》据其所载事迹及文中避讳,断言"此书不出广微"。《提要》谓:"书中称周敬王六年丁亥,至今唐乾符三年庚申,凡一千八百九十五年,则广微当为僖宗时人。然书中虎瞵一条称唐讳虎,钱氏讳镠,改为浒墅。考《五代史·吴越世家》,乾符二年董昌始表钱镠为偏将。至朱温篡立,始封镠为吴越王,安得于乾符三年以董昌一偏将能使人讳其嫌名?且乾符三年亦安得预称吴越?"清人周中孚亦疑其书记经宋人增益。此书多记古吴国事。据《直斋书录解题》,唐末有秀州,天禧中始割嘉兴县置,故此记合二郡为一。今观是书,记载唐苏州所领吴县、长洲、嘉兴、昆山、常熟、华亭、海盐诸县地理沿革、山川、城门、坊巷、桥梁、台阁、寺观、赋税、坟墓等。如记各县管辖乡坊、户数情况谓:吴县"管乡三十,户三万八千三百六十一,坊三十";长洲县"管坊三十,乡三十,户二万三千七百";嘉兴县"管乡五十,户二万七千(零)五十四";昆山县"管乡二十四,户一万三千九百八十一";常熟县"管乡二十四,户一万三千八百二十";华亭县"管乡一十二,户一万二千七百八十";海盐县"管乡一十五,户一万三千二百"。陆氏在卷末称:"纂成图画;以俟后来者添修矣!"可见此书原有地图。

《沙州图经》

《沙州图经》又名《沙州都督府图经》《沙州志》。历代书目概未著录。至清光绪二十六年(1900)在敦煌石室发现后始为人知,该书为写本,残缺,卷一仅存6行,为斯坦因劫走,现藏伦敦不列颠博物院。据罗振玉《雪堂校刊群书叙录》称:其标目第一沙州,第二、第三、第四敦煌县,第五寿昌县。卷三有2件,均为法人伯希和劫走,现藏巴黎国家图书馆。其一编号为p2695,513行,始于"水渠",终于"歌谣";另一件编

▲ 沙州都督府

号为 p2005，79 行，始于"祥瑞"，终于"歌谣"，二者相当部分，除个别字外，文字内容全同，当有一为传抄本。其书名，最早伯希和误认为南朝朱段国的《沙州记》。罗振玉于清宣统元年（1909）编印《敦煌石室遗书》时，题为《沙州志》。其后，罗氏得知巴黎所藏残卷 p2005 号尾写"《沙州都督府图经》卷三"；《敦煌书目》又载伦敦所藏题名《沙州图经》卷第一。故于 1913 年影印《鸣沙石室佚书》时，改名《沙州图经》。多年来有些人将这些书名，误为三种书或两种书，其实不然。

  关于此书的成书年代，罗振玉跋谓："此书之作，殆在开、天间，虽卷中多颂扬武后语及遇大周处多跳行空格，而无讹周之新字，且有开元之纪年，又避唐讳，如'虎'作'武'、'隆'作'陪'、'基'作'其'、'四民'作'四人'之类，均为作于唐而非周之确证。"但王重民根据图经中的文字考证后，认为当成书于证圣二年（696），早于开元、天宝。他在《敦煌古籍叙录》中称："按罗说虽辩，余颇疑实作于武后之世也，请略言之。新井等三驿称'于证圣元年正月十四日，敕为沙州遭贼少草，运转极难，稍竿道停，改于第五道来往。又奉今年二月二十七日敕，第五遭总置十驿，拟供客使等食，云云。此称今年，当蒙证圣而言，可知是书当作于证圣二年，不在开、天之世，此一证也。据横涧驿条，知证圣元年十二月三十日沙州刺史为陈玄珪，据甘草驿条同年纪事称前刺史李无亏，则证圣元年，李无亏已去职，故称前刺史，盖是书纂于李无亏为刺史时，而成于证圣二年陈玄珪为刺史时，此二证也。汉人称当时皇帝为今上，六朝以来称神圣皇帝陛下。天授二年日杨光条，有'咸以为圣神皇帝陛下，受命之符'一语，更可知是书作于武后时，不在开、天之世，此三证也。张芝墨池条，虽有开元四年纪事，然全卷纪事，无逾证圣以后者，且墨池条与全书体例不合，自开元二年九月以下，当系后人增入，应据全书以疑此条，不应据此条以定作书年代。又访查墨池为刺史杜楚臣、县令赵智本所主使,而张氏又为敦煌右族,则事举之后,窜入《图经》,至为易易。且于此,则无讹周新字,且避玄宗讳者,正因写于开、天之世。卷中多颂扬武后语及遇大周处多跳行空格者,正以作于证圣时故也,此四证也。"笔者认为王说根据更为充分。

《沙州图经》残卷影印本不分卷,513行,每行少则1字,多则20字,约7000字,分为25门。即七所渠,一所壕堑、水,三所泽,二所堰,一所故堤,一所殿、碱卤,三所盐池水,一所兴湖泊,一十九所驿、州学、县学、医学,二所社稷坛,四所杂神,一所异怪,二所庙,一所冢,三所堂,一所土河,四所古城、张芝墨池,二十祥瑞、歌谣。门之下设目,如"四所古城"门,下有古阿仓城、古效谷城、古长城、古塞城四目,目下为文。如"古阿仓城"目,其文为:"周回一百八十步,右在州西北二百四十二里,俗号阿仓城,莫知时代,其城颓毁,其址犹存。"可见这部图经记述内容之广泛和详密。因而罗振玉视为"人间鸿宝"。

■《西州图经》

《西州图经》,又名《西州志》,亦系清末敦煌发现的残卷,今藏巴黎国家图书馆,编号为p2009。罗振玉收入《鸣沙石室佚书》中。唐西州,治所在今新疆吐鲁番县,此图经为新疆最早的地志。罗振玉在其跋中称:"此卷首尾均缺,但存中间数十行,审其文乃《西州图经》也。以证新旧两《唐书·地理志》多合。惟两志均西州领五县,旧志为高昌、柳中、蒲昌、天山、交河;新志则有前庭无高昌,而于前庭注曰:本高昌,宝应元年更名。今此卷所载凡六县:曰高昌、曰前庭、曰柳中、曰蒲昌、曰天山、曰交河。高昌、前庭并载,疑唐志及诸地志误也。"其成书年代,罗氏认为当在乾元以后、陷蕃以前。

残卷影印本不分卷，56行，约600字。亦为门目体。其门为道十一达、山窟二院、古塔五区。如"道十一达"门下之"大海道"，其文为："右道出柳中县界，东南向沙州一千三百六十里。常流沙，人行迷误，有泉井碱苦，无草。行旅负水担粮，履践沙石，往来困弊。"记载"乌骨道"的文字为："右出高昌县界北乌骨山，向庭州四百里，足水草，峻岭石粗，唯通人径，马行多损。"足见这本残卷为我们留下了珍贵的历史资料。

■ 《沙州伊州地志》

唐光启元年（885）写本《沙州伊州地志》，历代均未著录。斯坦因从敦煌劫走后，始渐为人知。20世纪30年代日本学者羽田亨对此作过全面研究，撰有《唐光启元年写本〈沙州伊州地志〉残卷考》一文，发表于《历史地理论丛》。其后万斯年收入所辑译的《唐代文献丛考》。

是书今藏伦敦不列颠博物院，编号s936。卷首残缺，书名为羽田亨所定。存86行。1~28行记寿昌县之寿昌海、新城、蒲桃城、荫毗城、鄯善城、古屯城、蒲昌海。29~84行记伊州沿革及其管县伊吾、纳职、柔远。末尾两行为："光启元年十二月廿五日张大庆因灵州安尉使嗣大夫等来至州，于嗣使边写得此文书讫。"书中所记沙州、寿昌县的地理、沿革、古迹、风俗等，多与《沙州图经》《寿昌县地境》相同，惟文字稍异。所记伊州情况，多为《元和郡县志》、两《新唐书·地理志》《旧唐书·地理志》所不载。伊吾城于隋乱没于胡，贞观四年（630）其首领石万年率七城来降；伊吾县有寺二、观二、烽七、戍三，纳职县有寺一、戍一、烽八，柔远县有观一、烽四，并一一列具其名，均为首见，其资料之珍贵自不待言。

■《寿昌县地境》

翟奉达撰的《寿昌县地境》，系现存唯一完整的五代方志。其著作年代，原本题"晋天福十年乙巳岁六月九日州学博士翟上寿昌张县令《地境》一本"。但后晋高祖天福只有8年，"十年"当为出帝开运二年（945）。何以题作"十年"呢？向达认为："寿昌僻在西陲，易帝改元尚不之知耳。"其撰人原书仅题"州学博士翟"，向达据伦敦藏石室本s95号卷子题。"登侍郎守州学博士翟奉达纂上"及其他文献，考证当为翟奉达无疑。是书一直封闭在敦煌石室中，清光绪末年发现后，为敦煌某氏所藏。1941年向达据传抄本进行研究，并于1944年《北平图书馆图书季刊》第五卷第四期全文刊载。

唐五代寿昌县，在今甘肃敦煌市境。是书为寿昌县唯一的方志，其宝贵价值不言而喻。《地境》不分卷，为条目式。开首记述沿革、寺名、镇名、戍名、烽数、栅数、堡数。其后详记黑鼻山、姚阅山、龙勒山、西紫亭山、大泽、曲泽、龙勒泉、龙堆泉、寿昌海、大渠、石门闸、无卤涧、玉门关、口口亭、石城、屯城、新城、葡萄城、萨毗城、善鄯城、故屯城、西寿昌城、蒲昌海、播仙镇、沮末河。如写寿昌海为："源出县南十里，方圆一里，深浅不测，即渥洼池水也，长得天马之所。"据向达实地考察，寿昌海即今南湖。

第三节　隋唐五代时期的方志学家

■ 贾耽

贾耽，字敦诗，沧州南皮人。天宝中举明经，官检校中书、左仆射，建中时官义成军节度使，贞元间官同中书门下平章事。贾耽嗜观书，好闻方言，注意地理，至老益勤，贯通舆地、阴阳术数。为宰相十余年，虽安危大事无所发明，而检身厉行，自其所能。他研究绝域比邻之习俗历三十年，虽风谣小说，亦莫不掇其要，而芟其伪。尝逾太迹通道，北至仙峨，作实地考察，著地理书近十种。贾耽舆地之学，自谓慕楚左史倚相，晋司空裴秀，其实为承《山海经》学一派。所著绘《海内华夷图》，撰《古今郡国县道四夷述》《皇华四达记》等，自以率土山川，不忘瘝瘼。其所绘大图，外薄四海，内别九州，以《禹贡》为首。所撰方志，见于《新唐书·艺文志》《通志·艺文略》者，如《关中陇右山南九州别录》六卷、《吐蕃黄河录》四卷，久佚。按民国张维《陇右方志录》云："据《贾传》

▲ 贾耽像

则《别录》所载,仅为洮、湟、甘、凉事,与《唐志》题名不同。"《唐书·贾耽传》称为《唐九州别录》。

■ 李吉甫

李吉甫,字弘宪,赵州人。以荫补左司御率府仓曹参军,贞元初为太常博士,出为忠州诸地刺史。宪宗即位,以考功郎中知制诰,旋任翰林学士,元和二年(807)为宰相,后又出为淮南节度使,复诏为宰相。监修国史,撰成《先帝实录》,以记述欠详,奏请命韩愈、沈传师等,同加采撰,修成《顺宗皇帝实录》。官至中书侍郎同中书门下平章事。李吉甫赅洽多闻,熟于本朝故实,尤精地理学。自谓:"岂欲希郑侯之规模,庶乎尽朱赣之条奏。"他以为古今地理家,或搜古而略今,采谣俗而失实,而叙人物,因坟墓而征鬼神,流于异端。至于丘壤、山川、攻守利害,本于地理,皆略不书。因是撰《元和郡县图志》《元和国计簿》《十道州郡图》《淮西地图》《河北险要图》等。《元和郡县图志》四十卷(《新唐书·艺文志》作五十四卷),书存图亡。《旧唐书·宪宗本纪》载:元和八年二月,"宰相李吉甫进所撰《元和郡国图》三十卷","又为《十道州郡图》五十四卷"。《十道州郡图》当即《十道图》,又似涉及《元和郡县图志》,词语不详。《元和郡县图志》为今存最早的总志,体例亦完善,为后来方志家所祖述,以为树范。《十道图》佚,《新唐书·艺文志》著录十卷,《通志·艺文略》载:《元和十道图》十卷。《直斋书录解题》题:《唐十道图》一卷,唐李吉甫弘宪撰。各家著录不同。《河北险要图》佚,《玉海》卷十四引录一条:"元和七年十月乙未田兴以魏、博六州归有司。"所谓六州,即今河北、河南、山西等地。《淮西地图》佚,李吉甫官淮南节度使所作,《玉海》引录佚文。

辑佚方志简目

亡佚的隋唐五代方志共220种，其中类书、史注、地志中有其引文可供辑佚者157种。虽为残篇断简，却提供了不少当时社会经济情况，亦极珍贵。今按现行政区划分，将可供辑佚者分列如下（书名后未注明朝代者，均唐代方志）：

河北省：《冀州图经》（隋）、《固安图经》（隋）、《上谷郡图经》（隋）、《河北图》《河北记》《信都记》《（蓟州）图经》《涿州图经》《沼州图经》《（贝州）图经》《定州图经》《莫州图经》《（沧州）图经》等。

山西省：《河东图》《河东记》《晋阳记》《太原故事》《（绛州）图经》《（辽州）图经》《（潞州）图经》等。

陕西省：《雍州图经》（隋）、《长安图》《长安记》《华州图经》《陇州图经》《梁州图经》《坊州图经》《泾阳图经》等。

河南省：《河南郡图经》（隋）、《弘农郡图经》（隋）、《陈州图经》（隋）、《淮阳郡图经》（隋）、《东都记》《阳城记》《洛阳地图》《魏郡图经》《（宋州）图经》《怀州图经》《孟州图经》《（光州）图经》《（邓州）图经》《（蔡州）图经》《相州图经》《邺县图经》《内黄图经》等。

山东省：《鲁国都城记》《（淄州）图经》《（济州）图经》《青州图经》等。

江苏省：《江都图经》（隋）、《江东记》《扬州记》《徐州记》《江宁图》《金陵图》《金陵图经》《江宁图经》《（升州）图经》《苏州图经》《（常州）图经》《扬州图经》《扬子图经》《楚州图经》《润州图经》《盱眙图经》《淮阴图经》等。

浙江省：《越地形记》《越地传》《吴兴志》《吴兴记》《西吴记》《信安记》《婺州图经》《（处州）图经》《灵州图经》《（睦州）图经》

《(严州)图经》《明州图经》《温州图经》《永嘉图经》《临海图经》《湖州图经》等。

福建省：《闽中记》《福州图经》《建州图经》《泉州图经》。

安徽省：《历阳县郡图经》(隋)、《历阳图经》《庐江记》《宣州记》《姑孰记》《舒州图经》《怀宁图经》《庐州图经》《池州图经》《宣州图经》《寿州图经》《歙州图经》《歙县图经》等。

江西省：《鄱阳记》《鄱阳县记》《豫章图经》《江州图经》《饶州图经》《信州图经》《宜春记》《宜春图经》《袁州图经》《吉州图经》《虔州图经》等。

湖北省：《襄沔记》《江夏记》《江夏风俗记》《江夏图经》《鄂州图经》《荆州图经》《(襄州)图经》《(复州)图经》《夷陵图经》等。

湖南省：《长沙图经》《茶陵图经》《岳州图经》《郎州图经》《(澧州)图经》等。

广东省：《岭南异物志》《韶州图经》《罗州图经》等。

广西壮族自治区：《玉林异物志》《邕州图经》《临桂图经》等。

云南省：《云南记》等。

四川省：《蜀中记》《成都记》《(汉州)图经》《(翼州)图经》《奉州图经》《合州图经》《阆州图经》《柘州图经》《静州图经》《渝州图经》《维州图经》《(通州)图经》《(剑州)图经》《恭州图经》《(悉州)图经》《夔州图经》《陵州图经》《黎州图经》《通望县图经》《汉源县图经》《新津县图经》等。

甘肃省：《陇西记》《张掖记》《安定图经》等。

宁夏回族自治区：《灵州图经》等。

第五章
宋元时期的地方志

在宋王朝统治的300多年中，宋代的社会生活，特别是政治、经济、军事、文化领域，比以往要丰富、复杂得多。正是在这样的历史条件下，出现了中国地方志书的定型和中国方志学的形成局面，宋代形成的各地纂修地方志书的风气已成为中华民族的传统。元世祖忽必烈统一中国后，这一传统不仅没有中断，而且继续向前发展。元代所修地方志书远远超过宋朝，中国地方志书继续向前稳定发展。

第一节 宋元时期地方志概况

■ 宋代地方志发展和定型

到了宋代（确切地说是南宋），社会政治、经济、文化的发展促进地方志的进一步发展，进入了一个兴盛以至定型的重要时期。

北宋建国之始，统治者就非常重视各地图经的编修，以便及时掌握全国州郡形势，了解各地风俗民情及赋税、贡品等情况。建隆中（960—962），宋太祖即诏令："凡土地所产，风俗所尚，古今兴废之因，州县之籍，遇闰岁造图以进。"《玉海》卷十四的"祥符州县图经"条记载，宋真宗景德四年（1007）庚辰，"真宗因览西京图经，有所未备，诏诸路州府军监，以图经校勘，编入古迹。选文学之官，纂修校正，补其阙略来上"。《宋史·职官志》"兵部职方郎中、员外郎"条记载："掌天下图籍，以周知方域之广袤，及郡邑、镇砦道里之远近。凡土地所产，风俗所尚，具古今兴废之因，州为之籍，遇闰岁造图以进。四夷

▲ 宋太祖赵匡胤像

归附，则分隶诸州，度田屋钱粮之数以给之。分案三，置吏五。旧判司事一人，以无职事朝官充，掌受闰年图经。国初，令天下每年造图纳仪鸾司。淳化四年（993），令再闰一造；咸平四年（1001），令上职方。转运画本路诸州图，十年一上。"

宋代统治者对修志的重视，使地方志发展呈现繁荣的局面，并走向定型。宋代以前，方志之书多是图经、地记，记地、记人、记物各为专书，到了宋代以后，"荟萃以上各体成为方志"。前者属于广义的方志，后者则是狭义的方志。宋代正是方志从广义走向狭义的承前启后时期，其主要特点是志书的体例已经基本定型。正如清代学者郭嵩焘所说："地志体例，经始于北宋，至南宋而始备。"历经元、明、清三代，直至民国，虽然有所发展，但终究没有改变大体格局，可见其影响之深远。方志学前辈专家朱士嘉曾指出："宋志上承《史》《汉》余绪，下为后来方志编纂学打下了良好的基础。如果说，汉以来修史者无不奉《史》《汉》为圭臬，那么，宋以来修志者几乎莫不以宋志为楷式了。"

说到宋代方志的定型，这里不能不提到北宋早期杰出的历史地理学家乐史所著的《太平寰宇记》，某种程度上说该书为后来的方志定型开了风气之先。乐史（930—1007），字子正，江西抚州宜黄人，宋太宗太平兴国五年（980）进士，官著作郎直史馆。他为使赵宋王朝"不下堂而知五土，不出户而观万邦"，于太平兴国四年（979）至雍熙四年（987），先后用了8年时间撰写成了著名的《太平寰宇记》200卷，并目录2卷。该书在继承前代地理志的优良传统的基础上，在记述各道、府、州、县时，创造性地增加了各地的风俗、姓氏、人物、艺文、土产等人文和经济方面的内容，并因人物而详及官爵及诗文杂事，从而使单纯的地理志，发展成为历史与地理相结合的方志。这种体例当时很受学人的重视,因而郡邑志书纷纷效尤,并直接开了后世一统志的先河。《四库全书总目》高度评价了《太平寰宇记》在中国方志史上的里程碑作用,指出:"后来方志必列人物、艺文者,其体皆始于史。盖地理之书,记载至是书而始详,体例亦自是而大变。"

那么定型方志的门类和体例有哪些呢?我们说定型方志兼有地记和图经的内容,以文字记载为主,包括沿革、山川、物产、风俗、艺文、人物、职官、诗文、杂事等,卷首配以疆域、山川等图,历史文献方面的内容与以往相比大大地丰富了,增加了艺文、姓氏等门类,并因人物而详及官爵及诗文杂事。《四库全书总目·史部·地理类序》云:"古之地志载方域、山川、风俗、物产而已,其书今不可见,然《禹贡》《周礼·职方氏》其大较矣。《元和郡县志》颇涉古迹,盖用《山海经》例。《太平寰宇记》增以人物,又偶及艺文,于是为州县志书之滥觞。元、明以后,体例相沿。列传侔乎家牒,艺文溢于总集。末大于本,而舆图反若附录。及间假借夸饰以侈风土者,抑又甚焉。"

宋代,志书的各种不同体例大多也已确定下来,如平列体、纲目体、纪传体。平列体,又称"无纲多目体""细目并列体""门目体",是一种第一层次门类分类较多,诸多门类并列平行而互不统摄的结构方式。著名的《吴郡图经续记》《吴郡志》《嘉泰吴兴志》《嘉泰会稽志》即属于这种体例,后世仿效者甚多。这种体例虽有门类清晰、易于检索的优点,然而一旦分门过多,就难免琐碎分散。纲目体,又称"分纲列目体",其结构方式为全书先列若干大纲,然后每纲再分诸多细目。这种纲目体,又分为以事类为纲和以政区为纲两种类型,后者在全国性的总志编纂中运用较为普遍。著名的《三山志》《咸淳毗陵志》即属于这种体例。这种体例纲举目张,条理井然,体例谨严,比平列体更有优越性,仿效者颇多,但由于纲目统属关系严格,一旦统属不当，就会影响志书质量。纪传体，是一种特殊的纲目体，仿纪传体史书的体例，是以纪、表、志、传等体裁分部类的结构方式。《景定建康志》《绍熙永嘉谱》即属于这种体例，后世仿效这种体例者也很多。元、明、清的地方志，无论从内容还是体例上来看，除了个别志书，基本上是沿袭宋代，并无明显的特殊变化和发展，只是使已经定型的体例更加成熟而已。当然，志书的种类在宋代以后更加丰富了，除了宋代已经出现的总志、府志、州志、县志、乡镇志、杂志以外，元代以后出现了通志（省志）、一统志等各种类型的志书。志书修纂的地方也比以往扩大了，尤其到了清代，一些原来修志比较落后的北方省份，如河北、山东、山西、河南等省，其修志的数量甚至超过了以往修志比较发达的江、浙等省，且异地编纂志书成为常态。

　　为什么地方志到宋代体例会趋于定型呢？有学者从四个方面进行了分析：一是宋代学术空气的活跃对方志发展与体例的完善起了很大的推动作用。二是宋人研究当代史风气盛行直接推动记人述地再度汇合一体。三是宋元方志作者已注意作志的目的性，促使大量增加人文方面的内容。诚如马光祖在《景定建康志》的序中所说："郡有志，即成周职方氏之所掌，岂徒辨其山林川泽都鄙之名物而已。天时验于岁月灾祥之书，地利明于形势险要之设，人文著于衣冠礼乐风俗之臧否。忠孝节义，表人才也；版籍登耗，考民力也；甲兵坚瑕，讨军实也；政教修废，察吏治也；古今是非得失之迹，垂劝鉴也。夫如是，然后有补于世，郡皆然，况陪都乎。"四是许多学者参加方志的编修是促使方志逐步形成著述体裁的重要因素。如宋敏求、朱长文、刘攽、范成大、李焘、陈振孙、高似孙、熊克、周必大、薛季宣、陈傅良等，都曾参与宋代方志的编修。

■ 宋代地方志编修概况

北宋承袭着隋唐五代各地定期修图经的制度,所以在一段时期内,各地确实修了很多图经。有学者据此认为,对于北宋方志不宜估计过高,因为北宋图经盛行,方志在数量上远非图经可比,普遍程度也差得很远,且在内容和体例方面,除少数一两种已相当充实和完备外,其余尚未完全定型。但也有学者认为,随着学术发展的影响,北宋图经的内容也在不断丰富,已非往日图经所能比拟。宋代以后,名实不相符的情况大量存在,即许多著作名为图经,而其内容已经是既讲地理,又述人文,已不像隋唐图经那样单记地理了,不能据此认为北宋"图经"盛行,方志在数量上远非图经可比。不过从总的趋势来看,志书确实是在南宋逐渐走向名实相符的,名称只不过是内容与体例发展变化结果的体现,内容是首要的,内容丰富了,再用图经之名已不相称,诚如章学诚所说:"名者。实之宾。实至而名归,自然之理也。"

北宋最早称志的地方志,当在北宋仁宗庆历(1041—1048年)以前。据考,庆历年间陶弼的《瑞莲池诗》有这样两句:"额名旧载《零陵志》,碑宇新镌子厚诗。"据此可知,在庆历之前早有《零陵志》了,可惜未能留传下来。而现存最早称志的方志,则当推宋敏求的《长安志》了,它也是现在所能见到的北宋所修的以志命名的唯一一部地方志,也是留传至今最早、最完备的一部记载古都的志书。

《长安志》20卷,成书于

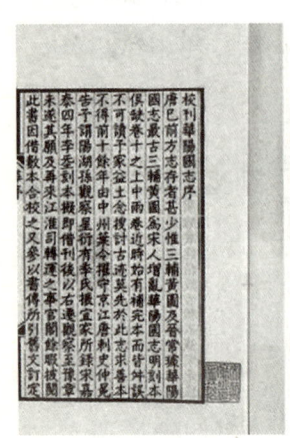

▲《华阳国志》书影

熙宁九年（1076）。卷首有熙宁九年赵彦若序；卷一为总叙、分野、土产、土贡、风俗、四至、管县、杂制；卷二为雍州、京都、京兆尹、府县官；卷三至卷六：宫室一至四；卷七至卷十为唐京城一至四；卷十一至卷二十为所属各县。其中，宫室和唐京城八卷之中，对历代古迹及长安的坊市、街道、宫室、官邸等都有详细记载，深得历代学者的好评。与他同时代的著名史学家司马光称："唐丽正殿直学士韦述为《两京记》，近故龙图阁学士宋君敏求，字次道，演之为《河南（志）》《长安志》。凡其废兴迁徙，及宫室、城郭、坊市、第舍、县镇、乡里、山川、津梁、亭驿、陵墓之名数，与古先之遗迹，人物之俊秀，守令之良能，花卉之殊尤，无不备载，考诸韦《记》，其详不啻十余倍，开编粲然，如指诸掌，真博物之书也。"清《四库全书总目》则谓："是编皆考订长安古迹，以唐韦述《西京记》疏略不备，因更博采群籍，参校成书。凡城郭、官府、山川、道里、津梁、邮驿，以至风俗、物产、宫室、寺院，纤悉毕具。其坊市曲折及唐盛时士大夫第宅所在，皆一一能举其处，粲然如指诸掌。司马光常以为考之韦《记》，其详不啻十倍，今韦氏之书久已亡佚，而此志精博宏赡，旧都遗事，藉以获传，实非他地志所能及。"周中孚更云："长安为周、秦、汉、唐建都作邑之所，事迹本夥，纪载宜详。次道以唐韦述《两京记》但详于古迹，余多阙而未备，乃创为体例，遍搜传记诸书，汇次成书，旧都古今之制，于是乎备……凡府县之政，官尹之职，河渠、关塞、风俗、物产、宫室、街道之属，无不纲举目张，典而有体，赡而不芜。"

宋代是方志发展的兴盛期，在长达1100年的汉唐年代，我国各地编撰的地方志总计不足400种，而宋代320年中，全国就修纂了1016种方志，呈现了空前的繁荣局面，见下表。

宋代方志存佚情况一览

存佚情况 省别	现存	佚亡	合计
总志	5种：《太平寰宇记》200卷、《元丰九域志》10卷、《舆地广记》38卷、《舆地纪胜》200卷、《方舆胜览》70卷	35种	40种
四川		180种	180种
浙江	14种：《乾道临安志》15卷、《淳祐临安志》6卷、《咸淳临安志》100卷、《澉水志》8卷、《嘉泰吴兴志》20卷、《乾道四明图经》12卷、《宝庆四明志》21卷、《开庆四明续志》12卷、《嘉泰会稽志》20卷、《宝庆会稽续志》8卷、《剡录》10卷、《赤城志》40卷、《严州图经》（残）、《景定严州续志》10卷	127种	141种
江西		100种	100种
广东		84种	84种
江苏	8种：《景定建康志》50卷、《吴郡图经续记》3卷、《吴郡志》50卷、《云间志》3卷、《玉峰志》3卷、《玉峰续志》1卷、《咸淳毗陵志》30卷、《嘉定镇江志》22卷	72种	80种
广西		64种	64种
湖北		63种	63种
湖南	1种：《岳阳风土记》1卷	59种	60种
安徽	1种：《新安志》10卷	56种	57种

存佚情况 省别	现存	佚亡	合计
福建	2种：《三山志》40卷（亦名《长乐志》）、《仙溪志》15卷	50种	52种
陕西	3种：《长安志》20卷、《长安图记》1卷、《雍录》10卷	26种	29种
河南		23种	23种
甘肃		15种	15种
山西		9种	9种
山东		8种	8种
河北		6种	6种
贵州		3种	3种
云南		1种	1种
新疆		1种	1种
总计	34种	982种	1016种

■ 元代地方方志编修概况

元代是中国历史上占有重要地位的封建王朝。方志在元代不仅没有陡然大落，反而继续得到发展。

首先，元代地方志在内容和形式上沿袭宋代，并无明显特殊变化和发展，只是体例更加成熟。在元代方志现存目的160种中，称志的有137种，称图经的有6种，方志上升到占有压倒性优势，而图经则接近消失，从而全面完成了从图经到方志的过渡，名实已完全相符。

其次，一统志的纂修始于元代。元世祖忽必烈统一中国后，建立了一个空前庞大的封建王朝，"其地北逾阴山，西极流沙，东尽辽左，南越海表"，"东南所至不下汉、唐，而西北则过之，有难以里数限者矣"，较之汉唐盛世，元代疆域更为广阔。为了颂赞一统之盛，元世祖至元

▲ 元世祖忽必烈像

二十三年（1286），集贤大学士、中奉大夫、行秘书监事札马里鼎建议纂修大一统志。元世祖忽必烈采纳其建议，命札马里鼎、奉直大夫秘书少监虞应龙等编纂《大一统志》，凡755卷。据清人吴骞《元大一统志残本跋》云："其书于古今建置沿革，及山川、古迹、形势、人物、风俗、土产之类，网罗极为详备。诚可云宇宙之钜观，堪舆之宏制矣"，"即如各府州县废置沿革一门，《元一统志》正文既详，复取古今地理各书参互考证，而细注其下"。《四库全书总目》说："考舆志之书出自官撰者，自唐《元和郡县志》、宋《元丰九域志》外，惟元岳磷等所修《大元一统志》最称繁博。"岳磷，应为岳铉之误。近人金毓黻也称："设使全帙尚在，学者必奉为鸿宝，而《元和郡县志》《太平寰宇记》不得专美于前，明、清二代之《一统志》亦未能独步于后也。"但遗憾的是，初修本和再修本至清中叶已散佚不全。民国间，金毓黻据北京图书馆、大连图书馆及各收藏家所藏残本零页抄得15卷，"又自群书撷拾其遗文佚句，纂为一编，凡得四卷，是为辑本"。此本被刊入《辽海丛书》。后赵万里又在金辑本的基础上，增加了《永乐大典》中的《元一统志》佚文，辑为10卷，于1966年由中华书局上海编辑所出版《大元一统志》2册。这是目前所见最全的一个版本。

其三，通志（省志）的修纂也始于元，明清沿之。今人多以为通志（省志）修纂始于明初，事实上元代即有通志（省志），只是不以通志（省志）为名和数量较少而已。事实上，元代在编纂一统志时，不仅大量取材全国性区域志及唐、宋、金旧志，还规定各行省必须先编纂本地图志，以备一统志编纂时采用。这一规定开编修省志的先河，在中国方志史上有着十分重大的意义。

其四，元代的边缘省份也开始修志，从此修志遍布全国各地，不再只集中于江苏、浙江、湖北、湖南、四川、江西、福建等地。南方各省所修志书的数量仍明显多于北方，尤其是江南一带，文化之盛，不减前代。

■ 地方志理论的初现

随着地方志的发展和完备，一些具有实践经验的饱学之士，将其已知经验概括为理论，尽管还没有形成系统完整的著作和文章，仅散见于地方志的序跋、凡例中，但其初创之功不可没。正是这些零圭散璧，一方面引导着地方志质量的进一步提高，另一方面为后世地方志学的创立准备了条件。归纳起来，宋元方志理论主要表现在以下六个方面。

1. 任何事物都有其产生和发展的历史过程，方志亦不例外。宋人继往开来，开始挂意对方志史的探讨。元丰《吴郡图经续纪》的撰者朱长文谓："方志之学，先儒所重，故朱赣风俗之条，顾野王舆地之记，贾耽十道之录，称于前史。"元人张铉亦从不同角度追溯了方志的历史，他说："古者九州有志尚矣，书存《禹贡》，周纪《职方》，春秋诸侯有国史，汉以来郡国有图志。图志兼记事记言之体，自山川物产、民俗政教、沿革废置、是非善恶、灾祥祸福，无不当载。而上之王朝，修为通史，著为经典，则褒贬之义见焉。"

2. 对地方志的性质进行了探讨。史学家司马光认为地方志是"博物之书"，用现代话来说就是百科全书的意思。他为《河南志》写的序说："凡其废兴迁徙，及宫室、城郭、坊市、第舍、县镇、乡里、山川、津梁、亭驿、庙寺、陵墓之名数一，与古之遗迹，人物之俊秀、守令之良能，花卉之殊尤，无不备载。考诸韦记，其详不啻十余倍，开编粲然，如指诸掌，真博物之书也。"有的认为地方志就是"一郡之史"，元代杨维桢说："金匮之编，一国之史也，图经，一郡之史也。士不出门，而知天下之山川疆里、君臣政治，要荒蛮貊之外，类由国史之信也；不入提封，而知其人民、城社、田租、土贡、风俗异同、户口多寡之差，由郡都吏之信也。"《广陵志》主修郑兴裔认为地方志就是地方的历史。他说："郡之有志，犹国之有史，所以察民风，验土俗，使前有所稽，后有所鉴，甚重典也。"

3. 对于地方志的功能与作用，宋元方志修撰者亦多有阐述，宋代方逢辰认为方志不仅是地方官吏从政的"顾问"，还有助于当朝减少民间疾苦。因而元代庆元路总官王元恭在至正《四明续志·序》中，将修志事业视为"立国立政之本要"。元代《赤城元统志》的撰者杨敬德在其序中，亦对方志不同类目的作用作了具体分析。他说："郡乘，古侯国之史也。其著星土、辨缠次，而休咎可征矣；奠山川、察形势，而扼塞可知矣；明版籍、任土贡，而敛民有制矣；诠人物、崇节义，以彰劝惩，而教化可明矣。此乃大凡也。"由于方志既载地理，又言历史，因而朱长文概括方志的作用是"不出户而知天下，矧居是邦而可懵于古今"。

4. 对于上下凡千年的历史，方志的重点应放在什么地方呢？宋人赵彦若明确提出应该"远者严谨而简，近者周密而详"的原则。用我们今天的习惯说法，就是"详今略古"。

5. 如何才能编好一都地方志呢？周应合编纂景定《建康志》的经验最有代表性。（1）要制订一个严谨的凡例，有纲有目，纲举目张；（2）编修人员有明确的分工；（3）要不厌其烦地广搜博采，"凡自古犀今，一事一物。一诗一文，当入图经者，不以早晚，不以多寡"，一律收集；（4）要认真地参订考证，对于怪诞、虚妄等一切不实之处，一律删去。

6. 关于志书的质量标准，宋元方志家特别强调"信""详"和"文采"。编纂《赤城元统志》的杨敬德，在其序言中强调："是必传信而后可据，若掩前人之直笔，而妄以己意损益其间，将何以传信？"《仪真新志》主修吴机说："志，大事也，采摭不详，其失也疏；文采不备，其失也芜，惧不足以诏来世。"主修《新安志》的赵不悔主张方志宜详不宜略，在其序言中强调："图经记述其事宜详也。"

这些经验之谈，在今天看来也还具有一定的参考价值。

第二节　宋元时期名志举要

■ 《吴郡志》

《吴郡志》为范成大纂。范成大（1126—1193），字致能，因住在苏州石湖旁，又号石湖居士，南宋平江府（今苏州）人，同杨万里、陆游、尤袤并称为南宋"中兴四大诗人"。

吴郡为平江府古称。辖境为今苏州地区及上海、浙江部分。此志由范氏绍熙二年（1191）初纂，绍定二年（1229）至宝祐四年（1256）汪泰亨等补纂。《宋史·艺文志》二，倪璨《宋史·艺文志补》《直斋书录解题》均著录为五十卷。今存宋刊本，张氏择是居景宋刻本，汲古阁本，墨海金壶本，守山阁本。

卷前有赵汝谈序及目录：

卷一，沿革，分野，户口，税租，土贡；卷二，风俗；卷三，城郭；卷四，学校；卷五，营寨；卷六，官宇，仓库（场务附），坊市；卷七，官宇；

▲ 宋代范成大像

卷八、九，古迹；卷十，封爵，牧守；卷十一，牧守题名；卷十二，官吏，祠庙；卷十三，祠庙；卷十四，园亭；卷十五，山；卷十六，虎丘；卷十七，桥梁；卷十八，川；卷十九，水利；卷二十至二十七，人物（烈女附）；卷二十八；进士题名（武举附）；卷二十九至卷三十，土物；卷三十一，宫观，府郭寺；卷三十二至三十六，郭外寺；卷三十七至三十八，县记；卷三十九，冢墓；卷四十至卷四十一，仙事；卷四十二，浮屠；卷四十三，方技；卷四十四，奇事；卷四十五至卷四十七，异闻；卷四十八，考证；卷四十九，杂咏；卷五十，杂志。

"其书凡三十九门，徵引浩博，而叙述简核，为地志之善本。"然清章实斋以此志内容重复，体例失当。盖汪泰亨所补与范氏原书混淆，体例殊乖，章氏言之有理。

■《长安志》

《长安志》，宋敏求撰。宋敏求（1019—1079），字次道，赵州平棘（今河北赵县）人，赐进士及第，任馆阁校勘。嗜学，喜著书，为《唐书仁宗实录》《国史会要》《集注史记》等，编辑《唐大诏令集》，笔记《春明退朝录》多记掌故。撰《河南志》《长安志》等。

《长安志》20卷，今存明嘉靖刻本，经训堂丛书本，光绪王先谦刻本。书前有宋熙宁九年，赵彦若序。卷一，总序，分野，土产，土贡，风俗，四至，管县，户口，杂制；卷二，雍州，京都，京兆尹，府县官；卷三至卷六，宫室一至四；卷七，唐皇城，唐京城一；卷八至十，唐京城二至四；卷十一，县一，万年；卷十二，县二，长安；卷十三，县三，咸阳；卷十四，县四，兴平，武功；卷十五，县五，临潼，鄠县；卷十六，县六，兰田，醴泉；卷十七，县七，栎阳，泾阳，高陵，乾祐，渭南；卷十八，县八，蒲城，周至；卷十九，县九，奉天，好畤，华原，富平；卷二十，县十，三原，云阳，同官，美原。

《长安志》，"皆考订长安古迹，以唐韦述《两京记》疏略不备，因更博采群书，参校成书。凡城郭，官府，山川，道里，津梁，邮驿以至风俗，物产，宫室，寺院，纤悉毕具，其坊市曲折，及唐盛时士大夫第宅所在，皆一一能举其处。"此志精博宏赡，旧都遗事，藉以获传，实非他地志所能及。

清周中孚跋是书云："典而有体，赡而不芜，其后程氏大昌之《雍录》，殊不及也。"

熙宁宋敏求《长安志》，后人取吕大防《长安图记》附于《长安志》后，其后或有附益内容，从而造成图与志两不相应。元、李好文以吕大防《长安图记》为蓝本，芟除伪驳，更为补订，而成《长安志图》之上卷。

■ 《咸淳临安志》

《咸淳临安志》和《乾道临安志》《淳祐临安志》合称"临安三志"。但《乾道临安志》和《淳祐临安志》目前只有残卷，《乾道临安志》原书15卷，现只存1～3卷，《淳祐临安志》原书52卷，现仅存5～10卷，可参见浙江人民出版社1988年出版的《南宋临安两志》一书。《咸淳临安志》则较为完整，原书100卷，今现存95卷。《咸淳临安志》的作者是潜说友（1216—1288），字君高，浙江处州缙云（今浙江省缙云县）人。宋理宗淳祐四年（1244）进士，"咸淳庚午（引者按：即咸淳六年），以中奉大夫权户部尚书，知临安军府事，封缙云县开国男。时贾似道势方炽，说友曲意附和，故得进。越四年，以误捕似道私秋罢。明年起守平江，元兵至，弃城先遁。及宋亡，在福州降元，受其宣抚使之命。后以官军支米不得，王积翁以言激众，遂为李雄剖腹死。其人殊不足道"。汪远孙所写的《跋》亦云："说友，字君高，处州人，登淳祐四年进士第，知临安时，贾似道方柄国，志中遇似道衔名，皆提行或空格，未免滋后人之议。"

《咸淳临安志》成书于宋度宗咸淳四年（1268），是潜说友知临安军府事时所修，它是"临安三志"中最后成书者，也是流传

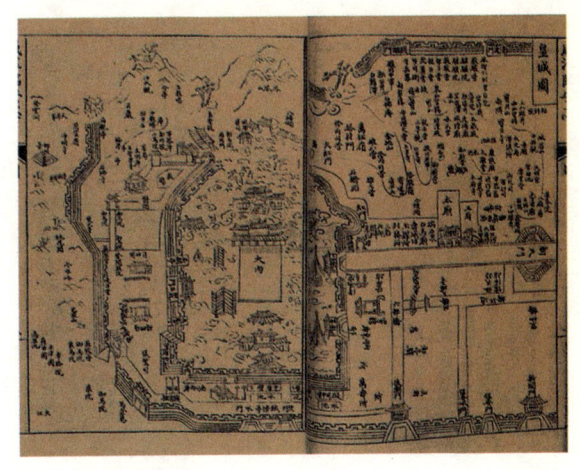
▲ 咸淳临安志

最全的一部，体例完备，资料翔实，更超前志。不仅为研究南宋时期杭州的政治、经济、文化和社会风俗提供了大量的资料，而且对于研究宋代的历史具有很高的史料价值，是我们今天研究杭州或南宋历史必读的一本书。现抄目录于下：

"行在所录"15卷：序录、凡例、图、宫阙、郊庙、朝省、御史台、谏院、六部、诸寺、秘书省、国史院、敕令所、诸监、太宗正司、省所、院辖、监当诸局、三衙、阁职、内诸司、邸第、官宇、学校、贡院、太史局、太医局、堂后官院、宫观、祠庙、苑囿、禁卫兵、省院兵、攒宫、馆驿、赋咏。

"疆域志"5卷：府县图、序、吴越考、古今郡县表、郡县境、星野、城郭、社稷、厢界、坊巷、市、镇、乡里、桥道。

"山川志"18卷：序、三江考、山、岩、岭、洞、石、峪、衢、坞、塍田埂、关、江、海、湖、河、溪、潭、涧、洲、浦、井、泉、池、塘、堰、水闸、渡。

"诏令"3卷：序、汉、晋、国朝。

"御制文"1卷：序、铭、训、记、序、诗、赞、颂、翰。

"秩官志"9卷：序、封爵考、内史考、都尉考、吴、吴兴二郡考、古今郡守表、两浙转运、倅贰、县令。

"官寺志"4卷：序、府治、漕治、幕属官厅、诸县官厅、仓、场、库、务、局、院、馆驿、邮置。

"文事志"1卷：序、府学、诸县学、贡院。

"武备志"1卷：序、禁军、厢军、土军、弓兵、教场、防虞。

"风土志"1卷：序、风俗、户口、物产。

"贡赋志"1卷：序、土贡、田赋、商税。

"人物志"11卷：序、古今人表、国朝进士表、中兴右科进士表、历代列传、后妃、列女、方外（方士、僧）、孝感拾遗。

"祠祀志"4卷：序、土神、山川诸祠、节义、士贤、寓贤、古神祠、土俗诸祠、东京旧祠、外郡行祠、诸县神祠。

"寺观志"11卷：序、宫、观、女冠、云水堂、寺院、尼院、庵、塔。

"园亭志""古迹志"1卷：序、园、亭、屋宅、木石、器物。

"冢墓志"1卷：序、先贤墓、客墓、古墓、僧塔。

"恤民志""祥异志"1卷：序、慈幼局、施药局、养济院、漏泽园、祥瑞、神怪。

"纪遗志"12卷：序、纪事、纪文、历代碑刻目。

《四库全书总目》称："其人殊不足道，而其书则颇有条理。前十五卷为行在所录，记宫禁曹司之事。自十六卷以下，乃为府志。区画明晰，体例井然，可为都城纪载之法。其宋代诏令编于前代之后，则用徐陵《玉台新咏》置梁武于第七卷例也。他所叙录，亦缕析条分，可资考据。故明人作《西湖志》诸书，多采用之。"清人朱彝尊也说："宋人地志幸存者……每患其太简，惟潜氏此志独详。"其言不虚。

《齐乘》

《齐乘》为元于钦编纂。于钦（1284—1333），字思容，山东益都人，历官兵部侍郎，益都路总管。

《齐乘》为专记三齐舆地之书。三齐，今山东省地。古指胶东（山东东北）济北（山东中部地），齐（胶东济北间）。书凡6卷，有元至正刻本，明嘉靖刻本。乾隆周氏刻本，好音书屋刻本，四库全书本。

卷前有苏天爵序。目录：

卷一：沿革，分野，山川（山）；卷二：山川（水）；卷三：都邑；卷四：古迹，（城郭，亭馆上）；卷五：古迹（亭馆下，丘垅），风土；卷六：人物，于潜释音，跋。

钱大昕《元史·艺文志》二，《文渊阁书目》十九，《千顷堂书目》八补，《四库总目》六十八著录。

于钦因《大一统志》成书，藏于秘府，世莫得见。"于公生于齐，官于齐，考订古今，质以见闻，岁久始先成编。"于潜《跋》云："昔我先人，为国子助教，每谓潜曰：'吾生长于齐，齐之川，分野，城邑，地土之宜，人物之秀，此疆彼界，不可不纂而纪之也'。"于潜于至正十一年（1351）刊刻此志。

《四库全书总目》六十八，称此志"是书专记三齐舆地……叙述简核而掩贯，在元代地志中，最有古法，其中间有舛误者……，然钦本齐人，考证见闻，较他地志之但采舆图，凭空言以论断者，所得究多，故向来推为善本。"

《齐乘》向为元代著名地方志书。

于钦《齐乘》在地理学上的贡献，历来为地理学者所重视，他在山东看到多处山崖上有蚌化石，他就联想到这与沈括在太行山麓观察到的情况相似,其卷一写道:"府城(即济南)南五里上方,号大云顶……崖壁上衔蚌壳结石,相传海田所变,如沈存中《笔谈》载太行山崖螺蚌石子横画如带之类,齐地尤多。"于钦指出在山东省多处崖壁上都有蚌壳化石,或可说明《神仙传》(葛洪撰)中借麻姑之口讲"东海三为桑田"一语,就是以这类化石为其依据的。

此外,对历城庙山的记述,仅28字,将此山的方位、距离、名称由来出处等囊括无遗,且纠正前人错误,这些都是值得肯定之处。一然作者于齐地典章制度,食货及历史大事记载较少,是为缺憾。今日的鲁西、鲁西南地区在当时隶属燕南河北道,未能记载,因此,该书所记范围未能包括今山东全疆。这一点当然责不在作者了。

■《延祐四明志》

《延祐四明志》,元代马泽修,袁桷、王厚孙纂。马泽,字润之,以太中大夫为庆元路总管。袁桷(1266—1327),字伯长,自号清容居士,庆元路鄞县人,翰林国史院检阅官,累侍讲学士,著《清容居士集》《易说》等,纂《四明志》。王厚孙,字叔载,一字燕贻,自号遂初老人,以荐为鄞训导,授象山教谕。

原书20卷,今本存17卷及目录2卷。缺卷九,城邑考下,卷十河渠考上,卷十一河渠考下。今存宋元四明六志刊本,张氏大典辑本。

是书门类以考称,其目录为:

卷一:沿革考(辨证,境土)土风考;

▲ 袁桷像

卷二：职官考上（唐，五代，宋，皇朝）；卷三：职官考下（先各县分述，次蒙古学，医学，官医提领所，阴阳教授司，杂造局，织染局，平准行用为，在城都税务使司，广盈仓，永丰库，在城站，车厩站，沿海翼万户府，蕲县翼万户府，都镇抚所，千户所，庆元绍兴等处海运盐使司，千户所，两浙都转运盐使司。庆元路盐仓，庆元市舶提举司，各场盐司各设盐司）；卷四：人物考上（先贤）；卷五：人物考中（先贤，节妇，孝行，逸士）；卷六：人物考下（史定忠十二先生赞，王尚书八贤赞，衣冠盛事，进士）；卷七：山川考（细目略）；卷八：城邑考上（细目略）；卷九：城邑考下（细目略）；卷十：河渠考上（细目略）；卷十一：河渠考下（细目略）；卷十二：赋税考（细目略）；卷十三：学校考上（细目略）；卷十四：学校考下（细目略）；卷十五：祠祀考（细目略）；卷十六：释道考上（细目略）；卷十七：释道考中（细目略）；卷十八：释道考下（细目略）；卷十九：集古考上（文）；卷二十：集古考下（诗）（按集古考即艺文考）。

钱大昕《元史·艺文志》二著录为二十卷，《文渊图书目》；著录《四明志》十册，《四库总目》六十八；著录十七卷。

《四库总目》六十八称此书："条例简明，最有体要……志中考核精审，不支不滥，颇有良史之风，视至元嘉禾，至正无锡诸志，更为赅洽。"这种评价是正确的。

此志特点："每考各系小序，义理谨严，考证精审，而辞尚体要，绰有良史风裁。"实为元代名志之一。

袁桷《延祐四明志》后又二十二年，即至正二年（1342），又有《四明续志》十二卷之修纂（元王元恭修，王厚孙纂），此为袁桷《四明志》之续作，今见于宋元明六志刊萃，亦称元代名志。

《续志》沿用旧体，内容增延祐以后事，并新设土产一门，较前志更为赅备。

■《大德昌国州图志》

《大德昌国州图志》成书于元成宗大德二年（1298），昌国州州判冯福京修，郭荐纂，全志7卷及首、末各1卷。卷首有冯福京序、州官前序、州官请耆儒修志牒，还有3图，即环山图、环海图、普陀山图，图志之名本此，但传世本中卷首之图已佚。卷末为郭荐等徼申文牒。正文各门类如下：

卷一：叙州（沿革、境土、风俗、公宇、城郭、城门、坊巷、社稷、城隍、仓局）。

卷二：叙州（学校、贡士庄、翁州书院、岱山书院、医学义庄、社仓、囚粮、乡村）。

卷三：叙赋（户口、田粮、食盐、鱼盐、酒课、茶课、历本钱、沙鱼皮、狸皮、鱼鳔、税课）。

卷四：叙山（山）、叙水（水、桥梁、津渡、井、碶堰）、叙物产（五谷、布帛、禽类、海族、河塘鱼、畜类、兽类、花类、果实、竹类、药类、蔬菜、木类）。

卷五：叙官（州官、巡捕司、僧正司、盐司、巡检司、税使司、医提领所）。

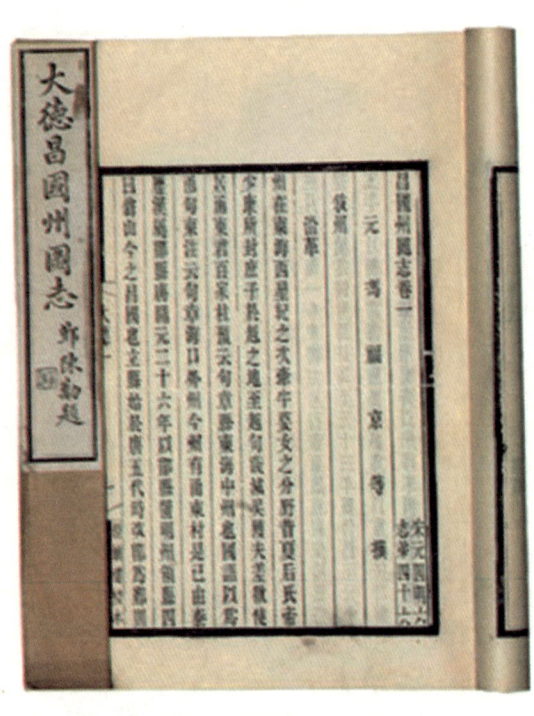

▲《大德昌国州图志》书影

卷六：叙人（进士题名、名贤、名宦）。

卷七：叙祠（寺院、宫观、庙宇）。

《四库全书总目》对其评价甚高，曰："其大旨在于刊削浮词，故其书简而有要，不在康海《武功志》、韩邦靖《朝邑志》下。海书、邦靖书为作者盛推，而此书不甚称于世，殆年代稍远，抄本稀传欤？"笔者认为，这个评价还是恰如其分的。该志在编纂方法上确有表述明确、简明意赅的特点。至于说缺点，就是该志有些地方的记载实在过于简单，如"碶堰"目下，只记载了庆丰碶、岑江碶等7个碶堰，并且只属其名，没有记载其所在方位及其大小，这个缺点也一如明朝康海的《武功县志》和韩邦靖的《朝邑县志》。

第三节　宋元时期的方志学家

■ 宋敏求

宋敏求，字次道，赵州平棘人。熙宁间赐进士，官史馆修撰、龙图阁直学士。尝预修《唐书》，又私撰唐武宗以下实录148卷，于唐代史事最为谙悉。元丰初卒。著有《春明退朝录》《唐大诏令集》等书。

宋敏求撰《长安志》20卷、《河南志》20卷、《东京记》3卷，三书并称赡博。今惟《长安志》犹存，《河南志》于《说郛》中保存六条。有司马光序，称宋敏求以韦述之《两京记》演之为河南、长安二志。《长安志》记长安坊市曲折，及城郭官府第宅所在，一一能举其处，唐以前长安遗事借以得传，为其他地记所不能及。宋代程大昌《雍录》称宋敏求《长安志》，引类相从，最为明晰。大昌字泰之，休宁人。宋绍兴中进士，官至吏部尚书。其知泉州时纂《雍录》十卷，有明刊本。宋时记长安之书，又有吕大防《长安图记》一卷。大防字微仲，蓝田人，进士，官至观文殿大学士。此书不及宋敏求《长安志》浩博。宋敏求《东京记》不传。又，明嘉靖《陕西通志》引宋敏求纂《云阳志》，可知宋敏求纂地记之多。

■ 朱文长

朱文长,字伯原,苏州人。嘉祐四年(1059)进士,年未弱冠,因足疾未赴仕。元祐中苏轼荐充苏州府学教授,绍圣间召为太常博士,官至秘书省正字、枢密院编修。元丰元年晏知止知平江军,嘱朱文长纂《吴郡图经续记》。七年章岵知平江军,朱文长始成《续记》3卷(中卷六门,漏而未刊)。此书存有宋刊本,为今存方志版本最古之一。其书存2卷,上卷:封域、邑、户口、坊市、物产、风俗、名门、学校、州宅、南园、仓务、海道、亭馆、牧守、人物十五门;下卷:沿水、往迹、园第、冢墓、碑碣、事志、杂录七门。沿水、碑碣二门为朱文长首创。此书虽称"图经",但非官书"图经"之体例。自此书以后,始开方志体例之学,各创新例,漫无规律,亦自此始。朱文长又纂《吴门总集》,此书不传,《吴郡图经续记》中累言某文见《总集》,可见《总集》纂成与《续记》同时。

关于朱文长的方志学思想,见《吴郡图经续记》自序,说:"方志之学,先儒所重;故朱赣风俗之条,顾野王舆地之记,贾耽十道之录,称于前史。盖圣贤不出户知天下,矧居是邦,而可懵古今哉。"指明方志所起作用。又朱文长认为修志撰文为文不得不简,深刻体会司马迁《史记》义法。朱文长自序所述:吴郡为繁富之邦,陈迹异闻,虽难俱载,又不可让其湮落不收。又以吴郡古今艺文,汇编为《吴门总集》,犹如后世方志中"文征录"。

■ 范成大

范成大,字致能,号石湖居士,吴郡人。绍兴二十四年(1154)进士,累迁擢吏部尚书、中大夫参知政事,绍熙三年(1192)加大学士衔。

范成大纂地记极多，惟《吴郡志》《桂海虞衡志》《湖州石林》犹存。《吴郡志》50卷，今存有宋刊本，卷前有赵汝谈序，极称誉之，谓其记载"条章粲然，成一郡钜典，辞与事相称矣"。按此志作成于绍熙二年（1191），汪泰亨为之补，刊于绍定二年（1129）。汪泰亨所补，于原书下加补注二字，黑地白字，或大字，或旁注小字，是补注与本书各为界限，然起讫间有不清处。汪泰亨自称仿褚少孙补《史记》例。褚补《史记》本非善本，汪泰亨用其例，补注与本书更有混淆。范成大善为文，兼通史学，所作能做到辞、事相称。汪泰亨所作补注，与本书文辞优劣不同，粲然有别。《吴郡志》分39门，条章严密，征引浩博，而叙述简核，为宋方志上品，又存有绍定旧椠原本，更为名贵。

《桂海虞衡志》系范成大于淳熙二年（1175）以敷文阁待制四川制置使，取道广右入蜀时，道中追忆而作。序说："因追记其登临之处，与风物土宜，凡方志所未载者，萃为一书。"按此志共13篇，无夸饰风土、附会古事之习，为地志之翔实者。《湖州石林》1卷，为范成大告归里居时所作，今犹有抄本流传。此书记吴兴山水石洞之胜，石林在吴兴、长兴间之卞山，有大小玲珑山石林数里，今已为采石斫尽。

■ 罗愿

罗愿，字端良，号存斋，歙人。乾道二年（1166）进士，官至鄂州刺史。罗愿博学好古，词章法秦汉。作《新安志》10卷，高雅精练。初稿未刊，淳熙二年赵不悔为州守，促罗愿继补成书刊行。其书卷一州郡，卷二物产贡赋，卷三至卷五属邑，分歙、休宁、祁门、婺源、绩溪、黟，卷六至卷七先达，卷八进士题名，凡贤良、明经、赐策、献策、特奏、名武举皆附，卷九牧守，卷十杂录。按罗愿此书，叙述简括，引证典核。如先达一门，只述其官职，以区别于史传，较为得体。

清钱大昕撰《跋新安志》说:"汪廷俊世所指为奸人也,罗端良入之先达传,初无微词,后儒亦不以病罗氏。盖郡县之志,与国史不同,国史美恶兼书,志则有褒无贬,所以存忠厚也;公论所在,固不可变黑为白;而桑梓之敬,自不能已。袁伯长《四明志》,于史同叔但叙其历官,而云事具国史,与此同意。汪尚有善可称,史则其恶益著,故文稍异尔。"钱大昕跋指明罗愿创立先达传用意颇佳,既不变志乘公论所在,又不尽弃桑梓之敬。又如物产贡赋一门,物产为罗愿专精之学,亦为方志详载物产之开端,此门征引更为赅备,如贡物有干蕨、药腊、芽茶、细布之类,以前方志未有如此详尽之记载。罗愿虽只纂此一志,但不愧为方志学家。

周应合

周应合,号淳叟,武宁人。淳祐间进士,官至实录院修撰。开庆元年(1259)以承直郎差充江南东路安抚司干办公事,景定时马光祖任安抚使,嘱周应合纂成《建康志》。该志50卷,号称博物洽闻、力

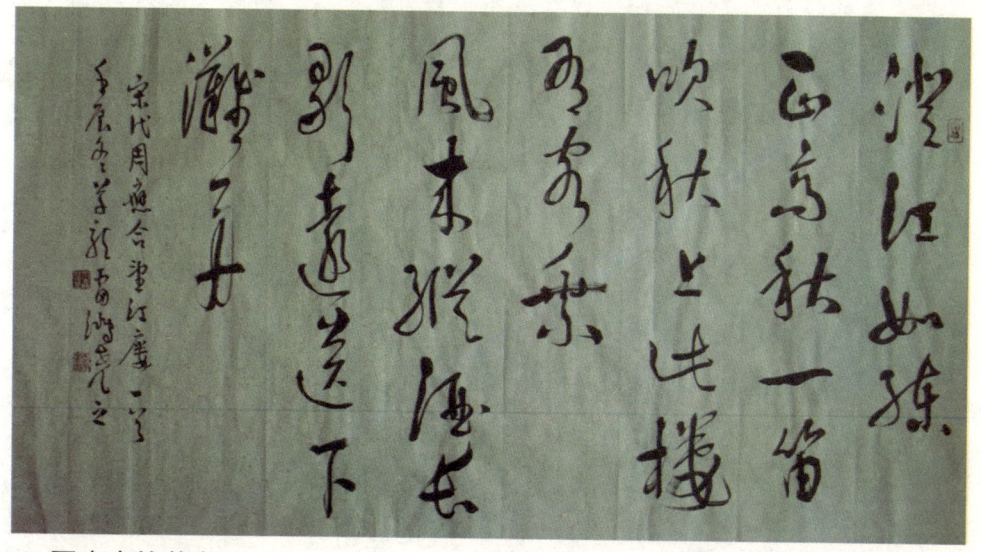

▲ 周应合的草书

学充赡之书，尤以志表精详著称。《建康表》，例分时、地、人、事四项，每项皆可检索，相互联系。周应合先纂成《江陵志》，以定例严密得名，故《建康志》仍用《江陵志》体例。建康为吴以来古都，史事多，文物盛，非江陵可比。故《建康志》虽仍《江陵志》义例，而订目浩繁。首先以"留都宫城录""建康地图年表"冠之，以下为十志、十传各系子目。其例用图、表、志、传体裁，而篇章细目，条序粲然，在宋代州郡志书中体例最为完备。

周应合《江陵志》大抵纂成于宝祐时，其书久佚，其体例见于周应合撰《景定修志本末》，说："《江陵志》图二十，附之以辨，其次为表为传为拾遗，所载犹不能备云。"

 知识拓展

阅读方志应注意的问题

方志中蕴藏着丰富的资料，但并不是随便拿来就可用，必须经过舍伪存真的过程，去其糟粕，取其精华。兹将阅读方志时经常遇到的几个问题说明如下：

1. 方志的称谓问题

自古以来，方志名目很多，有志、乘、记、谱、疏、编、书、录、略、传、图经、事类、记要、会要等，这些名称至今在私人编纂的地志中还有沿用。古代的方志虽已大都散佚，但还有辑佚本，也有单独的辑本。此外，类书中也有引录古方志的片段资料。

有些人认为省、府、厅、州、县志才是方志，这种看法不对。因我国历代行政区划各朝不同，如明清两朝的制度，内地十三省的行政区划名目，称省、府、厅、州、县，边疆地区设有"部落""地方""旗盟""牧厂"等名目。除以上所说行政区外，全国重要地区还设有关镇军、卫所等军

管地区，牧厂、盐茶厅、盐井、盐场等经济地区，与州县一样设官管理，同属于"职方"之列。

我国方志历史悠久，汉魏以后品类群生，名称亦异，而近来所编地方史志目录，名为编目，却没有遍检群书，遗漏势必很多，单凭方志目录索书，是不能满足需要的。在浩如烟海的书籍中，什么书是方志，不能单凭书名去查索。

2. 方志的人物传问题

方志人物传不是全面地反映某人一生的事迹。因方志和"国史"不同，国史人物传美恶俱载，寓褒贬之意，而方志人物传则有美无刺。关于方志人物传，章学诚说："州县志，下为谱牒传记持平，上为部府征信。"就是说明方志人物传无褒贬之意，只为修"国史"提供材料，但对宗谱对族人的赞扬可作公平的评断。清钱大昕的看法是：方志有褒无贬，是忠厚之意；但凭公论所在，不可变黑为白。他在所作《跋新安志》一文中说："桑梓之敬，自不能已。应当注意的是，采用方志人物事迹时，须与他书相印证，因为方志记载人物事迹往往不全面。"

方志人物还有一个不辨疆域，滥收历史上著名人物，以充乡贤光彩乡里的问题。按理方志人物传，必须收出生于本土的人。但由于东晋、南北朝时，各朝纷纷"侨置"郡邑，致南北郡邑名称重复，无法考证在南在北，这是人物籍贯不明的原因之一。又我国族谱往往不分地域，子孙迁移到另一县，后来人就认为祖宗也出生在这一县，这也是原因之一。采用方志人物资料和修方志选录人物，都要注意这些问题。

3. 方志资料的使用问题

采用方志资料，应注意考证，做到弃伪取真。这方面兹应注意以下几个问题：

（1）方志中的地图和各种图录，有原图，有重绘，有翻刊，采用时需对照各种版本审定。

（2）方志所列分野，现在已不适用，但天象地震的记载仍有参考价值，如日食、月食、彗星、流星、极光、陨石等，方志记载较多。但是采用时要参考邻近州县同时编纂的志书，看看是否有同样记载，如系单方面记载，应考证是否确实。

（3）方志中记载的物产资料，愈下级的志书愈切实，纂修年代愈近的志书愈详细。

（4）方志既有体例上的区别，也有文体上的区别。有些资料在一般正规体例的方志中很少见到，但在"异体"方志中却很多。

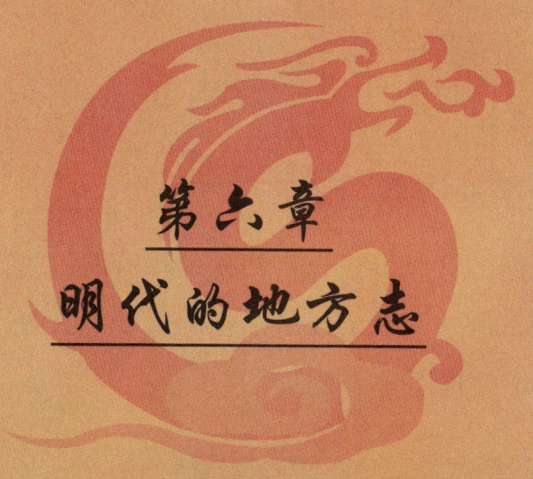

第六章
明代的地方志

  明朝是中国封建社会方志发展的兴盛时期，社会环境的安定，社会经济的繁荣，为地方志的发展提供了良好的条件。中国地方志书定型于宋代，其后，元代略有发展。明代承上启下，修志事业大为兴盛，各地编纂志书，蔚然成风，志书种类增多，在志书体例和编纂原则与方法上，都有明显的发展；在方志理论方面，也提出了一些颇有见地的看法和主张。

第一节　明代地方志概况

■ 政府高度重视修志

方志是官修的文献，修志自然就是政府的行为。明代方志之所以既继承又超越，固然和社会经济文化的大环境有着密切关系，但政府的重视起了决定性作用。

▲ 朱元璋像

朱元璋夺取政权后，为了"昭同轨同文之盛"，使其"功业永垂"，多次下令编修方志和绘制舆图。洪武三年（1370），即诏儒臣魏俊民、黄篪、刘俨、丁凤等人"类编天下州郡地理形势、降附始末"，纂《大明志书》，由秘书监锓梓颁行。其内容，"凡天下行省十二，府一百二十，州一百八，县八百八十七，安抚司三，长官司一。东至海，南至琼崖，西到临洮，北至北平"，尽皆在册。

洪武六年（1373），"令州府绘上《山川险易图》"。

洪武十六年（1383），"诏天下都司，上卫所、城池、地理、山川、关津、亭堠、水陆道路、仓库"。

洪武十七年（1384），"令朝觐官上《土地人民图》"。

同年，"《大明清类天文分野书》成，凡二十四卷。诏赐秦、晋、燕、周、楚、齐六府。是书刻在南雍"。

洪武十八年（1385），"夏，上览舆地图"。

洪武二十七年（1394），"《寰宇通衢》成书，分为八目。东距辽东都司，又自辽东东北三万卫，西极四川松潘卫，又西南距云南金齿，南逾广东崖州，又东南至福建漳州府，北暨北平大宁卫，又西北至陕西甘肃，为驿九百四十。浙江、福建、江西、广东之道各一，河南、陕西、山东、山西、北平、湖广、广西、云南之道各二，四川之道三，为驿七百六十六。凡天下道里，纵一万九百里，横一万一千七百五十四里。四夷之驿不与焉"。

一代开国之君，军国大事，日理万机，尝赋诗"百僚已睡朕未睡，百僚未起朕先起"，在如此繁忙情况下，还八次过问方志舆图，实属难能可贵。

燕王朱棣以靖难之名取代建文帝后，是为永乐皇帝。他雄才大略，继承其父文治武功大业，很有建树。在完成史无前例的浩大文化工程《永乐大典》后，于永乐十年（1412）为纂修一统志，颁降修志"凡例"。

由于永乐十年颁降的"凡例"是专为各地报送一统志所需材料而制订，并未要求各地编修方志，于是十六年六月"乙酉，诏纂天下郡县志书，命行在户部尚书夏原吉、翰林院学士兼右春坊右庶子杨荣、翰林院学士兼右春坊右谕德金幼孜总之，仍命礼部遣官，遍诣郡县，博采事迹及旧志"。为规范各府、州、县普纂志书,当年又颁降《纂修志书凡例》。规定各级志书应详记建置沿革、分野、疆域、城池、山川、坊郭镇市、土产、风俗、户口、学校、军卫、郡县廨舍、寺观、祠庙、桥梁、古迹、宦迹、人物、仙释、杂志、诗文等21门的史实与现时状况。

《凡例》深恐地方有所疏略,不厌其烦地详列各门类必须记载具体内容的提纲。如"古迹"门:

凡前代城垒、公廨、驿铺、山寨、仓场、库务,古有而今无或改移他处者,基址亦收录之。陵墓,前代帝王、名臣贤士者,并收录之。亭馆、台榭、楼阁、书院之类,或存或废,有碑记者亦备录于后。津渡,见在某处,路通何方,岩洞、井泉之有名者,亦收录。龙湫,亦载何处,或有灵异可验者。前代园池何由而建,本朝桑枣备裁各都某处。陂堰、圩塘之类,见何代开渠;如无考者,止书见存某处。废者亦见因何而废。寺观、庙庵虽废亦录。墟巷之类,凡废者俱收录之。

《凡例》如此之广博、缜密、纤细,在中国方志史上是空前之举。明人高度评价其意义:"上以继《九丘》《禹贡》《职方》之典,下以辖地理郡国道域之章,特为千万年鼎新立极之典。"六年之内永乐皇帝颁发两个方志"凡例",不能不使人猜想大概是要编修一部硕大无朋的方志丛书,以和《永乐大典》交相辉映!

由于蒙古阿鲁台的侵扰,永乐皇帝亲征,二十二年(1424)七月死于榆木川(在今内蒙古乌珠穆沁旗东境),致使一统志未能完成。及至明代宗朱祁钰于景泰五年(1454)七月,命"户部尚书陈循率其属纂修天下地理志",终于景泰七年编纂成一百一十九卷的《寰宇通志》。

正德十五年(1520)"冬十月,有命征天下郡邑志书"。

嘉靖元年(1522),"岁适圣天子御极之初,分遣进士往天下藩臬,采取民风节义，凡诸一统志所关者，莫不广求博载"。

中央政府既有明确规定，地方各级政府自然就要贯彻执行。有的省还结合当地实际情况制订了更为具体、周密的要求。如湖广布政使司左参政丁明就下发修志凡例二十六则。这个凡例某些方面比永乐十六年（1418）颁降的《纂修修志凡例》更详密。如第二则中的"城池"，要求：

府州县城池，或砖或土，或有或无，或某年某人筑，或增筑，或昔有而今废，或旧无而新筑，及周围高厚、深阔若干，并各城门名目，以至关镇桥渡之类，或先今某年某人创修，或废圮，俱备细查录。

许多缙绅更是将修志视为理政之要务。如太子太师华盖殿大学士杨廷和，曾以宋神宗罢黜不明当地山川情况的常州知州为例，唤醒地方官员要重视地方志以了解地方情况。

官至兵部尚书的胡汝砺尝为（嘉靖）《宁夏新志》写序，兵部尚书、内阁首辅杨一清为（嘉靖）《九江府志》写序，礼部尚书加太子太保、武英殿大学士贾咏写（嘉靖）《临颍志·序》，为相十年、海内称洽的张居正写（嘉靖）《滦州志序》等，均强调方志之重要性。

官至工部尚书的林廷棉（福州人），初在家乡纂写了（正德）《福州府志》后，在江西布政司右参政任上，

与周广合纂《江西通志》。官至刑部尚书的顾应祥，长兴（今属浙江）人，原在饶州府推官任上参修《饶州府志》，任云南巡抚时纂成《南诏事略》，归里后又纂（嘉靖）《长兴县志》。官至南京礼部右侍郎的吕柟，在地方作官时，尝纂《解州志》《潜江县志》《高陵县志》。官至光禄寺正卿的郭棐，番禺（今广州）人，凡任地方官必修志，一生修了《夔州府志》《四川总志》《宾州志》《广东通志》《粤大记》《岭南名胜记》等6种方志。

从中央到地方、从缙绅到乡贤，无不重视编纂地方志，是明代方志空前繁荣的重要原因。

■ 明代地方志的特点

1. 品种增多

明代方志除前代已有的一统志、府志、州志、县志、乡村志、山志、水志、湖志、寺庙志、冢墓志以外，又出现一些新型志书。

（1）通志。明代布政使司（即省）一级政区修纂的志书多曰通志。何以为"通"？通者，上以通合古今，下以通合府、州、县之谓也。通志多以事类为纲，纲下再根据需要，或以府、州、县为目，或以朝代为目再容纳府、州、县事，如（成化）《山西通志》、（嘉靖）《山东通志》《广东通志》《贵州通志》等。也有以省、府为纲，纲下再以事类为目者，如（嘉靖）《江西通志》。

（2）道志。道的设置始于元，终于1928年。明代的道为一级政区（行省）与二级政区（府、州）之间的监察区。道志有《漳南道志》，"志漳南道之政也"。

（3）都司志。都司，即都指挥使司，为明代军事机构，掌一省军队，下辖卫所。有（嘉靖）《辽东志》9卷、包节撰《陕西行都司志》12卷。

（4）卫所志。卫所原为明代驻于京师与京外要害之地军队的编制。大抵5600人称卫，1120称千户所，112人称百户所。京师外之卫所，属各省都指挥使司管辖，实行军屯，军士皆世袭，后称屯民。其后驻地渐具行政区划性质。有周瑛撰《兴隆卫志》2卷、孟秋撰《潼关卫志》10卷、《大同所志》等。

（5）关志。关的历史悠久，但为关作志者却始于明。有詹荣撰《山海关志》8卷，廖希颜撰《三羌志》（三关指山西内长城之雁门关、宁武关、偏头关）。

（6）镇志。明代为抵御瓦剌、鞑靼入侵，东起鸭绿江，西至嘉峪关，设辽东、大同等九镇，亦称九边，分别统辖附近之烽堠、关隘及卫所。《千顷堂书目》载有孙世芳纂《宣府镇志》42卷，郑汝璧纂《延绥镇志》6卷。存世者有刘效祖纂《四镇三关志》（四镇即蓟州、辽东、保定、昌平四镇，三关即紫荆、居庸、山海三关）。

（7）书院志。书院始设于宋，终于清光绪末年，为讲学授业之所。《千顷堂书目》载有河南《百泉书院志》4卷，张仲修山西《河东书院志》、张奇修浙江《西湖书院志》、陈论修湖广《岳麓书院图志》12卷。江西《白鹿洞书院志》竟在正德、嘉靖、万历、天启年间修了4次。

（8）文献志。经济文化发达之地，都有历史上乡贤的诗文、名人的碑铭或经史子集著述。方志中多置有艺文一门，但纂为专志者前代鲜见。《千顷堂书目》载有李濂《祥符文献志》17卷、朱睦㮮《中州文献志》40卷、李堂《四明文献卷》10卷、程敏政《新安文献志》100卷。

（9）名儒故里志。孔子故里名阙里，明人张泰为之纂《阙里志》13卷。宋代程颢、程颐、朱熹之故里，明人著有《二程故里志》2卷，赵滂撰有《程朱阙里志》。

（10）祠志。为大德大功之贤人立祠堂，其历史极为悠久，但前代为其修志者甚为罕见。《千顷堂书目》载有明焦竑《关公祠志》9卷、陆基忠《景贤祠志》、薛敬之《金华乡贤祠志》等。

（11）官署志。自国家诞生后，从中朝到郡县必设官署，但为其修志者前代似乎无有，明代却产生许多。《千顷堂书目》载有徐必达《光禄寺志》20卷，应廷育《刑部志》8卷，王崇庆《南京户部志》等。

（12）海防志。明代中叶，日本海商与海盗集团——倭寇，屡屡侵犯中国东南沿海地带，嘉靖年间台州等地中国"官军吏民战及俘死者，不下数十万"。为保家卫国，遂产生《万里海防图说》《筹海图编》《备倭考》《倭志》等一批海防志。

2. 体裁多样

"博物之书"以什么体裁编纂，是方志编纂者首先要考虑的重要问题。明人结合当地实际情况与掌握史料情况，所修的志书体裁大体有下列几种：

（1）纲目体，或曰门目体。以概念之内涵为纲，以外延为目，是历代方志主要的体裁。如（嘉靖）《蕲水县志》设图考、建置沿革、形胜、山川、名迹、风俗、物产、户口、田赋等25门。门下设若干目，如建置沿革一门，含星野、邑名、城池、疆域、坊表、关梁6目，目下视需要再设子目。物产一门下分谷、粟、麦、豆、瓜、果、蔬、木、竹、畜、药、鳞、花、虫、介、禽、兽17目，各目之下再具体到物种。如（正德）《姑苏志》60卷分31门，人物一门分13目。《四库全书总目提要》称其"繁简得中，考核精当。在明代地志中，犹为近古"。

（2）并列体。此种体裁无纲，不分大类，直接设目。如（正德）《袁州府志》14卷，设建置沿革、郡邑名、分野、名胜、疆域等41目。再如（嘉靖）《南宁府志》10卷，现存9卷，分建置沿革、郡邑名、形胜等35目。

（3）六纪体，或曰政书体。按照历代中央政府六部机构，志书设置吏、户、礼、兵、刑、工六纪，以六纪统摄全书。如（正德）《漳州府志》、（弘治）《兴化府志》皆用此体。（弘治）《兴化府志》在"吏纪"下分：一、郡县建置沿革；二、府官年表；三、县官年表；四、官监之治行者；五、官监之治才者；六、劝驾录。"户纪"分：一、山川；二、里图；三、户口；四、土田；五、财赋；六、徭役；七、食殖；八、上供；九、山物；十、海物。此体未免有削足适履之嫌，未尝广泛使用。

（4）纪传体。仿照正史之纪、表、志、传四种体裁构架志书者，有（嘉靖）《宁波府志》《沔阳志》《定海县志》等。（万历）《应天府志》，"纪"为郡纪；"表"为沿革表、历官表、封爵表、科贡表、荐举表；"志"为风土志、山川志、官职志、学校志、田赋志、祠祀志、杂志；"传"为宦迹传、人物传、勋封传、行传、列女传、杂传。此体后世亦有使用者。

（5）纪事本末体。如康海《武功县志》为地理、建置、祠祀、田赋、官师、人物、选举7篇，一篇一文，首尾相接。

（6）三宝体。《孟子》谓"诸侯之宝三：地、人民、政事"。有的明代方志即仿此例，设土地、人民、政事三类或加文献而成四类。如唐枢的（万历）《湖州府志》分土地、人民、政事三门，每门各列十目。王一龙增修的（万历）《广平府志》，分土地志、人民志、政事志、文献志，每志设目若干。

（7）编年体。如（嘉靖）《长兴县志》2卷、（万历）《随志》2卷、（崇祯）《武进县志》2卷，均不分事类，全按年月排列。《四库全书总目提要》地理类存目批评《随志》："编年之例，全仿《春秋》经文，称随为我，而以地之沿革、官之迁除、士之中乡、会试贡大学者，按年纪载，皆地志未有之例也。"不足以反映一邑之自然与社会，故多不采用此体。

3. 不记在任官员之功，不予在世乡贤立传

官职、人物历来是方志中不可或缺的部分，有的修志者就借机谀媚在任官员，或为自己树碑立传。如新乡知县储珊修、训导李锦纂的（正德）《新乡县志》，不仅为储、李二人分别立传，称储"以廉明公恕之心，施慈祥恺悌之政"，颂李"才德优长，诲人不倦，生徒多赖成就"，书中文翰篇还收有《贤侯储公德政记》。此志一问世，即遭到非议。为避免谀媚、取悦在任官员和在世乡贤，以保证志书的客观公正，许多志书提出：不为在任官员记功，不为在世人物立传。如：

名宦于去任者纂其功，乡贤于谢事者述其行。盖要其终以定论也。

人物必既殁，乃为立传。否则虽有盛美，法不得书，俟后续书。

名宦人物，书其已殁者。其见存虽有异绩，法不得书，惟记名氏以俟。

官师见任、人物见存，俱不评述，以俟论定。

名宦乡贤，必殁后乃书；其见存者，法不得书。

有的志书甚至摈弃达官显宦的"家私"。

郡邑有志，志郡邑也，非为有家私也。诰、敕、赠、答之纪，则家乘也，今皆弗庸。

旧志载士大夫家封赠、制词、诗文，滥及赠答，则家乘矣，今并黜削。

有的志书，对人物入志提出辩证的、客观的要求，反对绝对化和形而上学。立论甚为精辟，至今仍有启发：

有善事无势者不废，无浮名有实操者举；前之美不以后衰废，后之盛不以先弱没。显微阐幽，皆出耳目共闻见。其有疑似间者，宁缺略罔敢臆悉。

4. 以记为主，间有论赞

《史记》有"太史公曰"，《资治通鉴》有"臣光曰"，故明人

仿其例在志中以"按""按语""论曰""叙"的形式,或阐旨意,或示大要,或言规律,或发感叹,或陈述利害,或针砭时弊。总之,在记载史实之余,加以画龙点睛,使阅者得到理性认识的提高。如弘治与嘉靖两修的《许州志》,各目均前有小叙、后有赞语。官至南京礼、吏二部尚书,著述甚丰的王崇庆,其校订的(正德)《长垣县志》九卷九门,门下设目,各门、各目皆有"王子曰"。他纂的(嘉靖)《开州志》卷后有"王论"。如《开州志·田赋志》"协济"目后,"王论"就揭露了赋役过重、农民不堪负担:

力有限而役无穷也,是故以力斯竭,以财斯耗矣!而所谓协济之类,方未艾出,如之何其不使亡且逸矣!

(嘉靖)《永城县志·食货志》的"按语",揭露了贫富不均,进而建言不虚报田粮、减轻农人负担:

永城户口、田赋甲于旁邑,但贫富不均,正昔人所谓富者田连阡陌,贫者无立锥之地。自通均地粮以来,就差徭、赋税悉出于地……今户口减于逋逃,田赋累于荒芜。噫,勿伪增、勿厚敛,以复昔日富庶之盛,深有望于牧民者。

(嘉靖)《夏邑县志·田赋志》的"评语",道出种种压榨农民的恶劣手段而造成的极端贫困现象:

肆于豪强者之兼并,巧于里书者之飞诡,伪于寄庄者之影射,甚而有田无赋,有赋无田,乃至道负包赔,或卖田而鬻女,

▲《史记》书影

或死亡而转徙。

（天启）《文水县志·赋役志》丁赋后的"论曰"，唤出了农民的心声：

今策肥衣纨，曾不出半铢；而家无立锥者，则剜肉医疮，反不免赔累之苦。噫，是岂朝廷立法之初意哉！

（万历）《江都县志·提封志》的"撰曰"，批评当政者麻痹轻敌而导致倭寇入侵：

国初日本狡寇，累犯海澨，故江海一带筑堡置堠，皆以备倭为名。弘治以来，鲸波渐恬，上下偷愉，海防遂弛。嘉靖丙辰、丁巳之间，倭寇闯入州郡，焚掠甚惨。

明代成（化）弘（治）之前，农村经济尚处于稳定状态，而后则每况愈下，故有些方志多发出今不如昔的感叹。如（嘉靖）《浚县志》，由自号大侄子的王璜编纂，其志"里甲目"的"大侄子曰"：

弘治以前，徭轻赋薄，里甲皆如制。迩来差役浩繁，上不恤下，居多流亡，一甲多不能如十家之数矣！

万历年田蕙编纂的《应州志》卷三"贡课"后，"田蕙氏曰"：

谨按旧志，成化间本州有水碾、水磨、鱼课。可见彼时地方尚获水利，而人民殷实，亦足征焉。今名存实废，闾里萧条，深为恻然。

以上数例表明，恰到好处的评论，确能使人们获得理性认识，使方志带有著述性。但也有空发议论、甚至喧宾夺主之笔，如（嘉靖）《浦江志略》，"县邑"一目仅"梁贞明三年更名浦江县"10字，后面议论却多达136字；"月泉"一条，正文40字，议论却多达680字。显然这是蛇足，应引以为戒。

第二节　明代名志举要

■ 《大明一统志》

英宗朱祁镇于正统十四年（1449）在土木堡兵败被瓦剌也先俘走，后于景泰八年（1457）正月复辟，改元天顺。他饱尝八年丧国之辱，又"以《寰宇通志》多泛滥"，因而复国后不久便命翰林院学士李贤修纂一统志。"天顺五年五月《大明一统志》成，上亲序之"。李贤，字原德，河南邓县人，官吏部尚书，兼翰林院学士。是志96卷，系在《寰宇通志》基础上增补、删并而成。朱祁镇序称，"祖宗之志有未成者，谨当继述。乃命文学之臣重加编辑，俾繁简适宜，去取惟当，务臻精要，用底全书，庶可继承文祖之志，用昭我朝一统之盛……是书之传世也，不独我子孙世世相承者，知祖宗开创之功广大如是，思所以保守之惟谨，而凡天下之士，亦因得以考古求今故实，增其

▲ 英宗朱祁镇像

闻见，广其知识，有所感发兴起，出为用世"。书以两京、十三布政司为纲，纲下以府州为单位，下设建置沿革、郡名、形胜、风俗、山川、土产、公署、学校、书院、宫室、关梁、寺观、祠庙、陵墓、古迹、名宦、流寓、人物、列女、仙释20目。最后殿以"外夷"各国。此书以天顺初年行政区划为准，但后人又增入嘉靖、隆庆及万历初年的事。书中保存不少元代和明初的史料，可与正史相参证。王守仁高度评价"我朝之《一统志》，则其纲简于《禹贡》而无遗，其目详于《职方》而不冗。然其规模宏大阔略，实为天下万世而作，则王者事也"。(弘治)《贵州图经新志·凡例》亦称："迨我《大明一统志》出，一扫群志之陋，而程式之美，足为万世之法。"但缺乏史裁与考证，讹误较多，为后世学人所诟。顾炎武《日知录》卷三十一《大明一统志》条，批驳其"舛谬特甚"，引古事舛戾最多。《四库全书总目提要》称其"舛错抵牾，疏谬尤甚"。吴骞批评其"挂漏舛伪不可胜计"。此书有明万寿堂刻本、归仁斋重刻本。

■《山西通志》

成化十年（1474）成书、十一年（1475）付梓的《山西通志》，是山西省第一部省志，也是国内现存最早的省志。总纂胡谧，字廷慎，会稽（今浙江绍兴）人，天顺元年（1457）进士，成化五年（1469）任山西督学佥事，旋任山西提刑按察司副使。供职期间，深感三晋向无志书为一大缺憾，在巡抚李侃的支持下，历尽四年的呕心沥血，终于创修了这部省志。不久被调任河南按察副使，成化二十二年（1486）又编纂了17卷的《河南总志》。然《四库全书总目提要》竟将《山西通志》总纂胡谧误写为"四川马湖人，永乐辛丑进士"，盖将同名二人混淆耳。

胡谧是在既无前志经验借鉴，又无完备历史档案情况下，苦心查访搜集，精心编辑汇纂而完成该志的。他走访了全省，"虽密林邃谷、豺貐之地，靡不周历"。凡"河山、城郭、学舍、宫室……与夫残碣断碑、故基遗迹、名宦寓贤之类，靡不究其沿革盛衰之故，丰啬美恶之由，本之旧牒，参之前史，考之今制"而录之。

是志17卷，分设建置沿革、国名、郡名、州名、县名、分野、疆域、风俗、形胜、山川、城池、关塞、津梁、烽堠、宗藩、公署、学校、仓场、驿递、宫室、坛墠、祠庙、陵墓、寺观、土产、户口、田赋、土贡、兵备、古迹、祥异、景致、名宦、寓贤、人物、隐逸、列女、仙释、圣制、集文、集诗、碑目，共42门，各门之下，有按地域排列的（如建置沿革、疆域等门），有以时代划分的（如名宦、人物等门），有依体裁组合的（如集文门），有按路线分编的。既横剖纵叙，又纵中有横，交错有致，颇有章法。

山西在明代是抵御瓦剌、鞑靼侵扰的前哨，是拱卫京师的屏障，有关军事方面记载较详。如"烽堠"门下，记录353座烽墩的分布和兵力配备。对于达上下、通往来的62驿、21递运所、928急递铺，在"驿递"门内一一记录其名称、位置、相距里程，是很全面的交通地理图。"兵备"门内，将22卫、6守御所的官兵配置，各种火兵器、冷兵器的装备以及屯田地亩，都有详细记载。军事地理者，可据以考察。

该志文献价值极高，书中征引的近百种金、元、明初的山西方志，明后期已佚，李裕民《山西古方志辑佚》据以钩沉。

在"集文""集诗"二门内，收录许多金元时期晋人诗文，为他书所不载。如金代元好问的《故规措使陈君墓志铭》《明阳观记》《创开潇水渠堰记》三文，《三冈四镇》《金凤井》二诗，为通行本《遗山集》所未收。

《滇略》

《滇略》10卷，谢肇淛撰。谢肇淛，字在杭，福建长乐人，万历进士，以治史善文驰名，一生著作甚丰，撰有《五杂俎》《福州府志》《永福县志》等。《滇略》是其万历年任云南右参政时所作。卷首有薛承矩序。书分十略：一、版略，记疆域及建置沿革；二、胜略，记山川名胜；三、产略，记物产；四、俗略，记民风；五、绩略，记名宦；六、献略，记乡贤；七、事略，记历史故实；八、文略，记艺文；九、夷略，记少数民族；十、杂略，记琐闻杂谈。每略冠以小序述其大要。体例严谨，很有章法。以产略、俗略、夷略最具学术资料价值。

谢氏平生重视掌故遗闻，所著《五杂俎》，迄今仍为研究明代社会生活必读之书。《滇略》，记云南琐谈遗闻，占全书比例很大。何以如此？《杂略》小序谓："杂者，事之支出、稗官之野记、里巷之丛谈，以及方外殊踪神鬼诞迹，虽有无不可知，而鬼琐谈谲，往往足以昭劝戒、补遗逸、佐喷饭、张谈锋，有其录之，莫敢弃也。"所记多饶有兴味，寓意深长，引人入胜。《四库全书总目提要》认为："虽大抵本图经旧文，稍附益以新事，然肇淛本属文士，记诵亦颇博洽，故是书引据有征，叙述有法，较诸家地志，体例特为雅洁。"

薛承矩序称：上以搜汉杨终、晋常璩之所未及，下以补李京、杨慎诸书之遗漏。杭世骏《道古堂集》有是书的题跋，谓其"详近略远，博观约取，苍山洱水之墟称善史焉"。

《徽州府志》

《徽州府志》，明彭泽修、汪舜民纂，是继南宋罗愿的《新安志》之后当地第二部方志，12卷，分地理、食货、封建、职制、公署、学校、祀典、恤政、选举、人物、宫室、寺观、祥异、词翰、拾遗15门，下设60目。

卷首有凡例十则。一则云"名宦、人物必没世而后载之，庶无异议"；一则称"仙佛怪异之说固不敢信，但土俗流传、图志纪载难以遽削，姑存其略"；一则谓"词翰不能广载，亦不敢以工拙为去取。惟采其有关本郡事迹及可以备本志之缺略者"。仅此即可见其志书之严整性。

徽州府辖歙、休宁、婺源、祁门、黟、绩溪六县，今为黄山市（绩溪划归宁国市，婺源划归江西省）。是志突出反映了地灵人杰、文盛物华的徽州辉煌与沧桑。凡关于黄山的历史故实、诸峰形胜、神话传说以及名人诗文，尽皆采录在册。

徽州府在宋代以后学人辈出，彪炳史册者如集理学之大成者朱熹（婺源人），博极经史、著述等身的程大昌（休宁人），巨著《方舆胜览》的作者祝穆（歙人），方志学家罗愿（歙人），元代经学大师胡炳文（婺源人），明中期学问广博、一时之冠的程敏政（休宁人）等等，他们的学术造诣和思想，在志中均有反映。文化如此之发达，关键在教育。据卷五学校门，有府、县儒学6所，紫阳书院、晦庵书院等书院15所，分布在乡村的社学262所，此外还有家塾、义学。教育如此之普及，在明代少见。

"文房四宝出二郡，迩来赏受君与予。"这是宋代梅尧臣的《九月六日登舟再和潘歙州纸砚诗》的诗句，诗中二郡指歙、宣二州（徽州府在北宋称歙州），说明安徽的笔墨纸砚，久负盛名。卷二食货门货物目内专列纸、砚、墨三个子目，详记产品名称、产地、特征、进贡数。如"纸"：

旧有麦光、白滑、冰翼、凝霜之目。歙、绩溪界中有地名龙须山，纸出其间，号龙须纸。大抵新安之水，清澈见底，利以沤楮，故纸如玉雪者，水色所为也。其岁晏敲冰为之者，益坚韧而佳。宋时纸名则有所谓进扎、殿扎、玉版、观音、京簾、堂扎之类，亦出休宁之水南及虞芮、良安、和睦三乡。

再如"墨"的记载：

墨出歙、休宁二县。五代李超及子廷珪造墨，至宋徽州遂以大龙凤墨千斤充贡，仁宗嘉祐中宴近臣于群玉殿，以李超墨赐之，曰新安香墨。其后赐翰林皆李廷珪双脊龙，样品尤佳。

该志卷十人物门内专为造墨名家李廷珪立传。卷十二拾遗门，还汇集宋苏宜简《文房四谱》、欧阳修《砚谱》、蔡君谟《文房四说》、唐积《婺源砚图谱》《歙砚》、李孝美《墨苑》等有关文字。这些都是研究文房四宝的珍贵史料。

■《兰阳县志》

《兰阳县志》（明代兰阳县，即今河南省兰考县），嘉靖二十四年（1545）李希程撰，为该县第一部县志。其特征为：一、是志十卷，采用纲目体，分地理、田赋、建置、署制、学校、官师、选举、人物、遗迹、文词等十志。十志之下，分设112个细目，各标其目名，层次分明，安排得当。二、编例缜密严整，是志《凡例》17则，皆有的放矢。如第三则规定"人必书名，虽尊者、亲者不讳，示其永传，后有所考"，改变了志书不直书人名，仅称字、号的风习。为了征信，第五则明确："事有稽者则曰出某书、出某人。其自续作者别曰新增。"第十三则："官师政声教绩，稽诸公议。在职者皆不书，恐涉谀佞。"第十五则："人物行实皆有所据，然必谢世始定其论。且示无阿。"三、善于叙论。是志每目之前有"叙"，起着提纲挈领的作用。部分细目之后设有"附录"，为撰人之感叹，颇能发人深思。如卷二田赋志之"徭役"一目

"附录"称:"近日编差,惟在于地。吾民以得鬻地为喜。余因为一绝句以悼之:'人民昔少今加少,徭役名均实未均;深惜闾阎无计处,只愁产业不愁贫。'"再如"户口"一目之"附录"曰:"户口渐增,由分户所致,非实增也。余尝为一绝句诗以劝俗曰:'瘠地濒河岁未登,新来赋役重难胜;各分版籍求规避,谁解翻为户口增。'"再如卷三建置志"备荒"目之"叙",直接批评县官不能对人民瘠漠而不顾,曰:"古之民命悬于君,后之民命悬于天。悬于君者,未荒有备荒,则有政是也,悬于天者,任其捐而瘠漠不顾矣,其诸牧民者之执其咎欤!"充分表现了编撰者仁爱之心和对统治者的不满。

《寿宁待志》

《寿宁待志》,冯梦龙撰,是一部别具一格的佳志。冯梦龙(1574—1646年),字犹龙,吴县(今苏州)人。岁贡出身。明崇祯七年(1634)任寿宁知县,历时三年写成了这部县志。书名何以称"待志"?冯氏在其《小引》中解释道:"曷言乎待志?犹云未成乎志也。曷为未成乎志?前乎志者有讹焉,后之志者有缺焉,与其贸然而成之,宁逊焉而待之。"也就是说,此志尚有不足之处,有待后人的补充完善。仅此,便能看出冯氏认真和谦逊的修志精神。

是志二卷,上卷设疆域、城隍、县治、学宫、香火、土田、户口、刑科、赋税、恩典、积贮、兵壮、铺递、狱讼、盐法、物产、风俗、岁时18门;下卷

▲ 冯梦龙像

设里役、都图、官司、贡举、坊表、劝诫、佛宇、祥瑞、灾异、虎暴等10门。卷末附"旧志考误"。该志绍续万历二十三年（1595）戴镗修的《寿宁县志》，而"略旧之所存，详旧之所阙"。行文多半夹叙夹议，颇异于他志。其最大特点是摒弃了一般志书阿谀奉承、粉饰太平的恶习，实事求是地反映了民间疾苦。如"积贮"门载，由于官府一再向百姓增派赋税，使得寿宁县"民穷财尽"，"历年所积，一空如扫"。如"风俗"门对贫苦人民典妻卖子的现象，作了淋漓尽致的反映："或有急需，典卖其妻……或赁与他人生子，岁仅一金，三周而满，满则迎归……亦有久假不归，遂书卖券者。"对于寿宁文化之落后，《待志》也不隐讳，在"风俗"门中披露："学校虽设，读书者少。自设县至今，科第斩然。经书而外，典籍寥寥，书贾亦绝无至者。"在"坊表"门中，对明天顺年间为宋绍定二年（1229）"状元"缪蟾而立的"状元坊"提出质疑，指出："按《府志》，绍定二年己丑状元为王朴，是榜闽中及第者十九人，无缪蟾名。"以上几例证明冯梦龙坚持了不溢美、不隐恶、不附会的实事求是精神。

冯梦龙深切同情人民，对当地"生女则溺"的恶俗极为不满，便用通俗的白话文写成《禁溺女告示》，广为张贴。《待志》对此作了记载。冯氏为了直接抒发其观点与感情，用第一人称写《待志》，这在我国方志史上绝无仅有。原刻本现藏日本国会图书馆，国内仅有中国科学院图书馆复制的胶卷。福建人民出版社于20世纪80年代出版有铅印本。

第三节　明代的方志学家

■ 莫旦

莫旦，字景周，吴江人。成化六年（1470）乡荐。成化九年（1473）迁南京国子监学正，乞归，年八十余卒。莫旦作《一统》《贤关》二赋，名动京师，授新昌县训导，纂《新昌县志》。

莫旦撰《大明一统赋》4卷，附录1卷，万历四十年（1612）钱塘胡文焕为之校刊。此书一名《皇舆要览》，同于《大明官制》《一统志》《广舆图》诸书。自建置沿革，郡邑山川，以至民风土俗，人物吟咏，概撮其要，靡不毕具。附删一卷，则叙"外夷"。此书文体，采用辞赋。莫旦自序说："古人于国家德业之盛，必托诸赋以铺张之，以昭映于无穷。"按此赋颂明兴基定江左，歼吴平浙取两广八闽，北伐中原；席卷列郡，及统一分疆，文长四卷，一气呵成。其内文序次，首疆域，自奠基顺天、应天、凤阳为畿甸，次及十三省境域。少陈辞采，而多侈谈地理物产人才。赋体地志，自宋王十朋仿左思《三都赋》，撰《会稽三赋》三卷，《四库全书》列入史部地理类，是后"地赋"遂为方志中之一种体制，然铺陈全国一统之赋，则只有莫旦此赋，其鸿才博识，读此赋可知。

莫旦任新昌县学训导，纂成化《新昌县志》16卷，分52目，而无大纲，今存有正德重刊成化本。此志卷前有图像一卷，莫旦小序说："太古之时，苍颉制字，而书法兴焉；史皇制图，而图像立焉；皆圣人之笔也，故此书所以图像为开卷第一也。"按此书图像，有县境域图、县治图、庙学图、义塾图、礼器图、祠寺图、胜迹图、人物图等，又为之赞，旨在以表形象为重，绘图成编之方志，亦为莫旦首创。

莫旦告归后，吴江知县孙显嘱纂弘治《吴江志》。此志22卷，分为38类，今存有清松然书屋传抄明弘治刊本。据嘉靖《吴江县志》旧序，有莫旦《松陵志》自序，序称："志卷二十，为类二十有七，类各有序，名目《松陵志》。"又载正德二年（1507）吴洪《吴江续志》序说："旦既纂《吴江志》，病其疏，复纂《续志》二卷。"依此，莫旦所纂邑志，共有三种，《松陵志》《续志》佚。

■ 杨循吉

▲ 杨循吉像

杨循吉，字君谦，吴县人。成化二十年（1484）进士，授礼部主事，弘治中任礼部郎中，投劾归里。正德元年复起，召修《孝宗实录》。杨循吉事迹，见《明史·文苑》徐祯卿传附。

杨循吉纂方志甚多，而大抵为方隅杂史。《吴邑志》16卷，成于嘉靖八年（1529）。此志叙述典赅，号称名作；然其首叙《吴国本末》一篇，为史考之例，而非专述一邑之事。又引《春秋》

所载吴事，则为经考，更非吴邑志乘之事矣。如此体例，为明人"志书索引"之习，溢出方志范畴，但也不是杨循吉所独创。

正德初修实录时，以苏州为东南大邦，文物事迹颇多，诏杨循吉总领其事，自成化二十三年（1487）九月初六日起，至弘治十八年（1505）五月初七日止，逐一编纂。杨循吉奉诏，纂成《苏州府纂修识略》五卷，传有万历刊本。此书编例，颇似后世之"必告录""乡土志"，仅述一郡一邑之大要。明代苏州地志，杨循吉所纂者有《吴中故语》1卷、《吴中故实记》1卷、《续记》1卷、《补余》1卷、《长洲县志》10卷、《苏谈》1卷。

嘉靖初陆里任山东章丘知县，延杨循吉纂《章丘县志》4卷，分13门，即建置总论、乡镇、山川、物产、贡赋、户口、公宇、祠宇、邑令题名、人物、登用、古迹、杂志。其中乡镇、山川、物产各系细目，其他各门仅述梗概。不知详略之间，用意何在。

杨循吉所纂以上所述数种，其书皆存。另外，见于《千顷堂书目》及《明史·艺文志》的，还有《宁海州志》2卷、《庐阳客记》1卷、《金陵杂记》1卷、《金山小志》1卷。

■ 唐锦

唐锦，字士纲，上海人。弘治九年（1496）进士，授东明知县。唐锦早负盛名，尝参修《大明会典》，及仕东明，知府命修《大名府志》。正德二年升兵科给事中，命清理广东盐法。因不愿与权臣刘瑾通谋，被谪深州通判。瑾诛，唐锦擢江西按察使，迁江西提学副使，后又因事罢归，杜门著述。

《大名府志》十卷，纂成于正德元年（1506），时大名旧志已佚，又典籍未备，采撷之难可知。按嘉靖《大名府志》序言"多取于亭夫里魁之言，编次体裁并有遗憾"，此志实为唐锦之初作。查《明史·艺文志》著录唐锦《大名府志》28卷。《古今图书集成》引载《大名志》亦为28卷。可能是初纂时只有10卷，因出于匆促，不合己意，后又重辑为28卷。今仅存天一阁藏10卷本。

唐锦又纂《上海志》8卷，弘治十七年（1508）刊本。此志为唐锦精心之作，分为8类，例简事详，颇为得体。书前有王鏊序，后有钱福跋。钱跋云："简而不遗，备而不泛；兼收并蓄，而无所混淆。"并非过誉。

■ 闻人铨

闻人铨，字邦正，余姚人。嘉靖五年（1526）进士，授宝应知县，历官至湖广按察司副使。官宝应时修有县志，提督南畿学政时，又与南京太仆寺卿陈沂合纂《南畿志》64卷。

南畿之名，明永乐北迁之后，置南北二京，设官二京尽同。以中都、应天所辖之地（今江苏、安徽二省）为南畿，南畿郡邑直隶南京部院，故均无布政司之设。《南畿志》是闻人铨任南畿学政时所纂，体例为京畿志书，与各布政司之通志有异。此志前三卷为总志，分为八目，记畿内八府郡邑；次列十四府四州，分目十二，记畿外之府州。其书采征核实，而记载独详于都城。此志以陈沂所撰《金陵古今图考》《金陵世纪》为底本。《图考》为金陵自列国迄明建置，为图十五，各有图说。《世纪》4卷，分都邑、城郭、宫阙、郊庙、官署、雍泮、衢市、第宅、楼宇、山川、驿路、津梁、台苑、陵墓、祠祀、寺观、识遗、赋咏十八门。《图考》为陈沂未登科时作，后为翰林院侍讲，又作《世纪》。《南畿志》根据陈沂此二书，增补而详之。

《宝应县志》四卷，闻人铨知宝应县事时所纂。甫脱稿调去，讫嘉靖十七年（1538）巡按直隶监察御史杨瞻爰命宝应知县刊成。此志为6篇：天文、地理、田赋、祠祀、官师、人物，附诗文，体核而备，一邑之故实皆具备矣。

嘉靖十一年（1532）闻人铨以监察御史巡抚山海关，又撰《东关图》1卷。此书系取张禄时所绘图，重加校正，刊之以备参阅。有关寨图212幅，均附图说，记道里远近、形势险易甚详。

■ 郭子章

郭子章，字相奎，号青螺，自号衣生，泰和县人。隆庆五年（1571）进士，官至兵部尚书。著有《衣生易解》《圣门人物志》《郡邑释名》《豫章诗话》《剑记》《马记》等书，大抵为地记诗文杂记之作。

郭子章官贵州时纂《黔记》60卷，体裁浩繁，为贵州明代方志中唯一的巨著。此书出自郭子章手裁，由宋兴祖、毕三才协助编校。其体例用纪、志、表、传四体，又附总论，分"诸夷""西南夷"二篇，为方志中独特的体裁。此书系郭子章抚黔平播之后而作，内容侧重在抚黔苗之策，所以别立"总

▲ 郭子章像

论"一门，专论"羁縻"策略。其书首列"大事纪"，而没有艺文志，这也是方志中少见的。郭子章又撰《黔小志》一卷，见《千顷堂书目》，是辑《黔记》之余材而成。郭子章告归后，李化龙纂《平播全书》，不提郭子章诸将之功，诸将乞郭子章为书证之，郭子章又撰《平播始末》，比《黔记》载平播事更详。郭子章致仕后纂《阿育王山志》10卷，刊于万历四十七年（1619），为明代山水寺观志体裁之佳者。

郭子章服官江西时，纂《豫章大记》160卷、《注豫章古今记》1卷、《豫章灾祥记》6卷、《吉志补》20卷（吉指江西吉安府）。在粤时撰《潮中杂记》12卷、《四贤潮语》4卷，诸书皆不传。又见《玭衣生集》有《序秦汉图记》《序三辅黄图》《序西京杂记》诸文，可以说明郭子章对于古地理学有丰富的学术造诣。

■ 陈继儒

陈继儒，字仲醇，号眉公，又号麋公，华亭人。诸生。自幼颖异，能文章，善书画，名重一时，卒年82岁。

崇祯初，陈继儒纂《松江府志》2部，一部58卷，刊成于崇祯三年（1630）；一部94卷，刊成于崇祯四年（1631）。先是方岳贡任松江

▲ 竹石图

知府，任用陈继儒修志名为总纂。此志继承顾清府志，增辑120之事，成58卷，刊成于崇祯三年。但陈继儒以为记载不足，又自纂府志94卷，方岳贡又为之刊行，成于崇祯四年。58卷本的《松江府志》极少流传，为稀世秘笈，上海图书馆有藏本。以前曾为金山姚光所收藏，视为镇库之宝。关于这二志的情况，参查后修诸志，均未见有详细记录。不过在陈继儒《眉公十种藏书》中之《白石樵真稿》卷2，有《松江志小序》1篇，计51条，与崇祯四年刊本《松江府志》之小序尽同，据此可知府志94卷本确为陈继儒手纂。又《白石樵真稿》卷5，有《修志始末记》一文，首言"方公禹修（岳贡字）始修"，以下叙述崇祯庚午后修志之始末。庚午为崇祯三年，三年刊成之志用陈继儒之名，但非出于陈继儒之手，故曰方公禹修始修。阅年，陈继儒又成府志94卷。这样的事也有先例。如嘉靖间顾应祥纂《长兴县志》，也是在二三年间刊成2部。明代修志，往往以有名位之士为总纂，其实真出于名人之手者不多。顾应祥、陈继儒皆名高望重，为了使自己的名与书相符，觉得前志不足，因而再撰一部。主修者也不得不重刊其自撰之志，这大概就是数年之内有两部书的缘故。

 **知识链接**

怎样整理地方志资料

地方志中的资料，包括社会科学和自然科学两部分。选择和整理这些资料，可以为社会主义建设服务，具有现实意义。方志资料的选择和整理可分两个步骤，第一步是编写各种索引，以备使用；再进一步是做方志资料的辑录工作。

1. 索引的缩写

今存方志，除编好简目、提要外，另如方志中的人物传、艺文志（经籍志)、金石志、天文、舆图、史表、水利、边防海防、农业、矿产、自然灾害、历史事件等等,都可以编成各种索引,以便读者检索。

2.资料的辑录

选录可靠的方志资料,再经过考证研究,做到去伪存真,舍糟粕,取精华,编成专书,以供读者参考,减少研究人员寻找资料的时间。辑录方志资料可采用各种形式,有的可以用文摘的形式,有的可以分别内容性质加以分类,编成专书。

第七章
清代的地方志

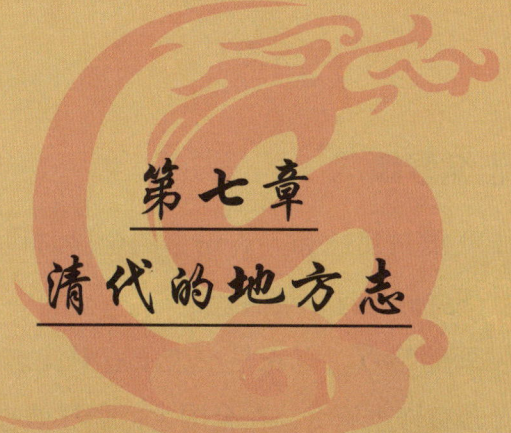

　　清代不但是中国封建社会方志发展的全盛时期，也是方志学发展的重要时期。在清王朝的倡导下，一统志、省志、府州县志，甚至镇志、乡村志、盐井志、山志、寺观志等应时而生。清代地方志佳作迭出，也大大提高了地方志书的学术价值，形成了不同的学派，出现了专门的方志理论论著，使在宋朝形成的中国方志学理论更加充实、更加系统、更加丰富。

第一节　清代地方志概况

■ 清代地方志编修概况

　　清代进入了我国封建社会方志编纂的全盛时代,这一时期的修志规模和成书数量都远远超过以往各代。

　　清代方志发展的特点,首先是中央政府对修志的重视超过了以往任何时期,多次颁布修志诏令,在全国大力倡导修志。清康熙、乾隆、嘉庆三朝分别三次下令组织编纂一统志,分别为《大清一统志》(成书于乾隆八年即1743年)、《钦定大清一统志》(成书于乾隆四十九年即1784年)、《嘉庆重修一统志》(成书于道光二十二年即1842年),而每次纂修之前,都先要诏令各地编纂地方志书。康熙十一年(1672)七月,保和殿大学士卫周祚进奏:"各省通志宜修,如天下山川、形势、户口、丁徭、地亩、钱粮、风俗、人物、疆域、险要,宜汇集成帙,名曰《通志》",以供纂修《大清一统志》之用。诏允其请,令"直省各督抚聘集凤儒名贤,接古续今,纂辑成书,总发翰林院,汇为《大清一统志》",并以贾汉复于顺治十七年(1660)修纂的《河南通志》"颁诸天下以为式"。康熙二十二年(1683)、二十四年(1685),礼部两次奉旨檄催天下各省设局纂修通志,并限期完成。至雍正六年(1728)冬,更应《一统志》经久未成,严令各省督抚"将本省通志重加修辑,务期考据详明,撷采精当,既无阙略,亦无冒滥,以成完善之书。如一年未能竣事,或宽至二三年内,纂成具奏。如所纂之书,果能精详公当,而又速成,著将督抚等官,俱交部议叙。倘时日既延,而所纂之书又草率滥略,亦即从重处分。至于书中各项分类条目,仍照例排纂,其本朝人物一项,著明所请,将各省所有名宦、乡贤、孝子、节妇一应事实,即详查确核,先行汇送一统志馆,以便增辑成书"。雍正七年(1729),又定各州县志书每六十年一修之例。除了关于编修《一统志》而颁布的有关诏令外,清代中央政府还有过其他具体的修志诏令。如"乾隆九年(1744),诏重修《盛京通志》","乾隆三十一年(1766),朝廷严禁私修志书,令学臣对志书严加查核","乾隆三十七年(1772),乾隆审阅《一统志》,诏谕人物传要本末昭然","光绪十年(1884),朝廷成立会典馆,谕旨征集天下志书"。在清王朝的积极倡导下,至乾隆时,已是"下至府州县,虽僻陋荒岨,靡不有志",编修方志在全国已蔚然成风。

其次是加强了对修志的控制。清朝统治者对修志工作从不放任自流,听之任之,而是严加控制,层层把关。乾隆三十一年就曾命令严禁私修志书。乾隆四十四年(1779)又传谕各省督抚:"将各省志及府州县志书,悉加核查,其中如有应毁诗文,而志内容尚复采录并及人事书目者,均详悉查明,概从

▲ 乾隆像

芟节，不得草率从事，致有疏漏。"因此清代的志书，大多出于官修，私人编修极少。综观清代方志，通志总是以总督、巡抚领衔，府、州、县志则由知府、知州、知县领衔。《四库全书总目》曾直言不讳地提出："通志皆以总督、巡抚董其事，然非所纂录，与总裁官之领修者有别。故今不题某撰而题某监修，从其实也。监修每阅数官，惟题经进一人，唐、宋以来之旧例也。"实际上就是把总督、巡抚监修各省通志，视作历朝宰相监修国史，这就表明各省通志是不可能由个人私修的。至于府、州、县志，同样是由各级地方官吏所控制，修成后要呈报上一级审查，基本上即由巡抚和布政使司主管。清代乾隆时的文字狱，就有几宗案件直接与修志有关。如乾隆四十六年（1781），福建海成县在籍知县叶廷推纂修县志，就有漳州府知府黄彬禀称："有海澄县民周铿声控告在籍知县叶廷推纂辑县志，载人碑传诗句，词语狂悖。"乾隆四十七年（1782），湖南巡抚李世杰查获高治清《沧浪乡志》，"摘出各种字句，指为狂悖，并称饬属查明住址，密往各家搜讯，并将刊刻志书之高治清父子生监斥革，作序之教授翁炯解任质讯"。清朝统治者任意删削和篡改地方志，使得很多地方志的内容支离破碎、断续不接，如《常昭合志》曰："吾邑适为钱谦益的故乡，从前志书内，叙述故事，欲使文理贯串，多有涉该故员之语，既奉删除文告，即经两县将旧志板片发回，凡有钱谦益诗文及事实、书目处，概行铲除。由此旧志内文词遂多断续不接。"

其三是各地普遍修志，吸引了很多文人学士参加，甚至连一些名家也不例外，大大推动了修志事业的繁荣和志书质量的提高。梁启超说："清之盛时，各省、府、州、县皆以修志相尚，其志多出硕学之手。"这些硕学有相当一部分是以幕友身份参与修志的。幕友并非清代才有，但幕友在任何时候都未曾像在清代那样被"隆其礼貌，优其饩廪，尊为宾师"，"官吏因徇成习，不能亲理民事，一切委诸幕宾"，"代十七省出治"，他们本人大多为学富五车的文人学士，依靠同学或同乡关系依附于主官，修志自然也是他们为主官分忧的题中应有之义，遂使清代异地编修方志成为常态。在志书的序言中，"《县志》为魏公球九峰总其事，稿就，魏即解组，被二三幕私心篡易"的类似记载非为鲜见。当然幕友中也不乏后来成为学术大家的人物，如洪亮吉、邵晋涵、孙星衍、武亿、杭世骏、冯桂芬、谢蘭生、赵绍祖、黄彭年、魏源、邹汉勋、缪荃孙、俞樾等人，比较典型的是章学诚，"丈夫生不为史臣，亦当从名公巨卿，执笔充书记，而因得论列当世，以文章见用于时。如纂修志乘，亦其中之一事也"，专以修志为己任，几易其主，终生从事修志事业。这些名士学者参与修志，不但使清代名志纷出，更将学术观点浸入修志之中，既当方志纂修者又当方志学研究者，推动了方志理论的进一步发展，并在乾嘉时期由章学诚率先创立了方志学。

其四是方志体例开始走向完备统一。清代《一统志》的编修，对清代方志体例的影响是深远的，正因为有了钦定体式（贾汉复的《顺治河南通志》和《康熙陕西通志》）的示范作用，才确保了志书体例的规范化，有利于清《一统志》按目取材。也正由于《一统志》编修的影响，各地地方志纂修体例逐步完备统一起来。顺治十七年（1660），河南巡抚贾汉复修成《河南通志》，后调任陕西巡抚，于康熙六年（1667）又修成《陕西通志》。《河南通志》50卷，门目体结构，分图考、建置沿革、星野（祥异附）、疆域（形势附）、山川（关津、桥梁附）、风俗、城池（兵御附）、河防、封建、户口、田赋、物产、职官、公署、学校（贡院、书院附）、选举（武勋附）、祠祀、陵墓、古迹（寺观附）、帝王（后妃附）、名宦、人物、孝义、列女、流寓、隐逸、仙释、方伎、艺文、杂辨（备遗附）30门，并列平行。《陕西通志》32卷，分星野、疆域（关隘附）、山川（津梁附）、建置沿革、城池、公署、学校、祠祀、贡赋、屯田、水利、茶法、盐法（钱法附）、兵防、马政（驿传附）、帝王（后妃、封建、窃据附）、职官、名宦、选举（武宦附）、人物、孝义、列女、隐逸、流寓、仙释（方伎附）、风俗（土产附）、古迹、陵墓、寺观、祥异、杂记、艺文32门，并列平行，亦为门目体结构。贾汉复《顺治河南通志》《康熙陕西通志》的体式成为各地纂修地方志效法的榜样。乾隆时有人称：康熙间，圣祖"特命督抚各修省志，其成式一以贾中丞秦、豫二《志》为准。雍正间，世宗因《一统志》历久未成，复诏各省纂修通志，仍如前式。是恪遵功令，不敢因仍旧志，昭法守也"。

其五是乡土志的兴起。乡土志为何物？有两种意见，一种认为即乡镇志，但大多数人则认为乡土志专指肇自清光绪末期，延及宣统，并贯穿于民国时期的乡土志、乡土教科书、乡土调查录一类的书，是方志的又一类型。虽然最早的乡土志可追溯到清光绪五年（1879）吴大猷编的山西《保德州乡土志》，但大规模乡土志的产生，无疑同清末的民族危机、清政府学制改革及乡土教育思潮的兴起息息相关。光绪三十一年（1905），清政府废科举，兴学堂，推广乡土志作为学堂教材，"《奏定学堂章程》所列初等小学堂学科，于历史则讲乡土之大端故事，及本地古先名人之事实；于地理则讲乡土之道里、建置，及本地先贤之祠庙、遗迹等类；于格致则讲乡土之动物、植物、矿物。凡关于日用所必需者，使知其作用及名称。盖以幼稚之知识，遽求高深之理想，势必凿枘难入。惟乡土之事，为耳所习闻，目所常见，虽街谈巷论，一山一水，一木一石，平时供儿童之嬉戏者，一经指点，皆成学问。其引人入胜之法，无逾此者。然必由府、厅、州、县各撰乡土志，然后可以授课"。还颁布了《乡土志例目》，共分15门：历史、政绩、兵事、耆旧、人类、户口、氏族、宗教、实业、地理、山、水、道路、物产、商务。自《例目》颁行各地后，全国兴起了编修乡土志的热潮。据统计，清末光绪、宣统年间共修乡土志467种，其中463种修于1905年至1911年间。清代各省中，除内蒙古、宁夏、青海、台湾外，都编辑了乡土志。民国时期的乡土志约修有214种。

其六是从地域上看，清代北方许多省份方志编修的数量已经超过了以往修志发达的江苏、浙江等省，从而打破了自宋以来方志编修独以江、浙等省为盛的局面。众所周知，元、明、清三代皆建都于北京，政治中心的北移，必然伴随着经济、文化的变化，修志也不例外。以今天现存的清代方志统计，山东有388种，河北373种，河南370种，山西332种，江苏337种，浙江373种，安徽259种，河北、山东、山西、河南等省方志编修的数量已经超过了原先修志发达的江苏、浙江、安徽等省，且质量上也不逊色。

■ 清代修志流派分析

到了清代，由于许多著名学者参加了编纂工作，于是对方志的性质、渊源、体例、功能作用、编纂方法等诸多理论问题，展开了更激烈的辨析、争论和研究，最后逐渐形成意见不同的两个派别，即地理派和历史派。地理派的观点，认为方志是地理书，主张方志应注重地理方面的内容。历史派认为方志是历史书，主张方志应注重历史文献、人物等方面的内容，尤其是当代文献。

地理派又称考据派、厚古派。这一派的代表人物有戴震、洪亮吉、孙星衍、李兆洛等人。

戴震（1723—1777），字东原，安徽徽州府休宁县（今黄山市屯溪区）人。出身贫苦，当过商贩，后又以教书谋生。乾隆二十七年（1762）

近40岁时才考中举人,以后六次入京会试不第。乾隆三十八年(1773),因纪昀推荐,被特召入京为四库馆纂修官,参加《四库全书》的修纂,主要负责经部,凡经部之书,多由他最后校定。乾隆四十年(1775),戴震53岁,第六次会试又不第,因学术成就显著,乾隆皇帝特命其与录取的贡士一同参加殿试,赐同进士出身,任翰林院庶吉士,仍从事《四库全书》的编纂。乾隆四十二年(1777)五月二十七日殁于北京。戴震是乾嘉时期的第一流学者、考据学大师,考据学皖派的开创者,在学术上造诣很深,于经学、天文、地理、数学、历法、音韵、训诂、哲学等方面皆卓有成就。乾隆三十四年(1769),山西汾州太守孙和相聘其纂修《汾州府志》34卷。乾隆三十六年(1771),又应山西汾阳县令李文起邀请编修《汾阳县志》。

戴震秉承方志乃地理书的传统观点,重地理,力主把研究古地理学的方法付诸修志实践,对地理沿革尤为重视。他说:"古今沿革,作志首以为重","志之首沿革也,有今必先有古","沿革定而上考往古,乃始无惑""而沿革不明,不可以道古","沿革不明,则志中述古,未有能免于谬悠者,故考沿革为撰志首事",在修志实践中往往对一地的建置变迁沿革作出详尽考证。

戴震重地理,但并非"唯地理沿革论"。学界不少学者把他视作"唯地理沿革论",源于章学诚所撰《记与戴东原论修志》一文。记载乾隆三十八年,戴震与章学诚相遇于宁波道署,曾就方志属何性质及志中所载

▲ 戴震像

地理沿革与地方文献孰轻孰重问题,当面展开了争论。戴震对章学诚说:"余纂《汾州》诸志,皆从世俗,绝不异人,亦无一定义例,惟所便尔。夫志以考地理,但悉心于地理沿革,则志事已竟。侈言文献,岂所谓急务哉?"并说:"沿革苟误,是通部之书皆误矣。名为此府若州之志,实非此府若州也而可乎?"但该文撰写时间为乾隆五十五年(1790),"盖追忆之作也",并非争论时的原始记录。王葆心在《清代方志学撰著派与纂辑派争持论评》一文中,谓章学诚"大言炎炎,不可一世","与人争,辄形于纸笔,至千百言不已",可供佐证。遍查戴氏遗著,却完全没有关于此次争论的记述,戴氏"重沿革"之言论甚多,散见于其遗著之中,所用词语极有分寸,谓沿革"首以为重""志之首""沿革之不易言也""志莫难于辨沿革",但从未说过章氏文章中的原话及其类似语言,是以章氏之语,并不符合戴氏原意。且章氏在上述文章中,还转引了戴氏的反诘之语"余于沿革之外,非无别裁卓见者也",与上引戴氏的说法互相矛盾,志事既"已竟",又何须"别裁卓见"呢?这就反证章氏所说并非戴的本意。

历史派,又称文献派、详今派,代表人物有章学诚、谢启昆、阮元、缪荃孙等,其中尤以章学诚最有影响。

这一派的主要观点,首先是肯定方志如同古代诸侯国史,本非地理专门,地理沿革仅是方志内容的一个部分,不能以此来概括全书。何况"考沿革者,取资载籍,载籍具在,人人得而考之。虽我今日有失,后人犹得而更正也"。方志既是一方之史,它就应当成为一种著述,而不是简单的资料汇抄,既是地方性著述,就要靠搜罗大量地方文献加以编纂,"若夫一方文献,及时不与搜罗,编次不得其法,去取或失其宜,则他日将有放失难稽,湮没无闻者矣",所以章学诚说:"如余所见,考古固宜详慎,不得已而势不两全,无宁重文献而轻沿革耳。"

其次，主张厚今薄古，重视当代文献。认为方志内容不能专记古代，必须详近略远，材料不能专抄古籍，必须依靠当代文献。章学诚说："史部之书，详近略远，诸家类然，不独在方志也。《太史公书》详于汉制，其述虞、夏、商、周，显与六艺背者，亦颇有之。然六艺具在，人可凭而正史迁之失，则迁书虽误，犹无伤也。秦楚之际，下逮天汉，百余年间，人将一惟迁书是凭，迁于此而不详，后世何由考其事邪？"再次，强调方志的实用价值。章学诚说："夫修志者，非示观美，将求其实用也。"编修一部方志，不是为作装饰品，一定要求其美观，而是要讲求实用，"今之修方志者，必欲统合今古，盖为前人之修是志，率多猥陋，无所取裁，不得已而发凡起例，如创造尔。如前志无憾，则但当续其所有，前志有阙，但当补其所无。夫方志之修，远者不过百年，近者不过三数十年。今远期于三数百年，以其事虽遁修，而义同创造，特宽为之计尔。若果前志可取，正不必尽方志而皆计及于三数百年也"。其不足之处如《雍正浙江通志》总纂傅王露在该志后序中指出的那样："后之作志者，以为志与史异，不妨自为论撰，以成一家言，究亦未尝不掇拾前人之绪余，而不言所自出，人亦不复辨其所从来，遂尽掩古人之作以为己有，甚而割裂文义，颠倒字句，或不免以文害词，以词害意，承讹袭舛，辗转相仍，而反借口于前人之失，不亦惑欤！至于记载时政，则多隐括其事，变易其文，而语焉不详，意指流失，使后之人无从考其颠末，何以传信于天下？"民国方志学家王葆心说："吾谓傅氏此说也，亦章实斋别裁独断以修志之流所宜知。"

这一派的其他代表人物还有：谢启昆，江西南康人，官至广西巡抚，主修《嘉庆广西通志》；阮元，江苏仪征人，继谢启昆而任浙江巡抚，后历任湖广、两广、云贵总督，体仁阁大学士，主修《道光广东通志》；缪荃孙，江苏江阴人，清末著名学者，所修之地方志有《光绪顺天府志》

《湖北通志》《江苏通志》《江阴县志》等。

总的来说，在清代修志流派中，地理派占绝对优势，这是因为考据学已成为当时的时代精神，它得到官府的支持和提倡，修志地理派的体例在全国范围内得到广泛推行，影响深远。但是从发展的眼光看，历史派无疑更有潜力。即使是在当时，采用历史派的主张编修方志的也不乏其人，如张维祺所修的《乾隆大名县志》便是采用章氏之说。该志为乾隆五十年（1785）所修，张维祺时任大名知县，该志序中说："（张维祺——笔者注）往在肥乡官舍，同年友会稽章君学诚，与余论修志事，章君所言，与今之修志者异。""章君之言，余未之能尽也。然于志事，实不敢掉以轻心焉。二图包括地理，不敢流连名胜，侈景物也。七志分别纲目，不敢以附丽失伦，致散涣也。二表辨析经纬，不敢以花名卯簿，致芜秽也。五传详具事实，不敢节略文饰，失征信也。乡荐绅不余河汉，勤勤讨论，勒为斯志，庶几一方之掌故，不致如章君之所谓误于地理之偏焉耳。"瞿宣颖在引了这段话后，点评说："是其承章氏之绪论，卓然具深识也。"

▲ 谢启昆像

第二节 清代名志举要

■《凤台县志》

《凤台县志》为李兆洛编撰。李兆洛（1769—1841），字申耆，晚号养一老人，江苏阳湖（今武进）人。嘉庆十年（1805）进士，选翰林院庶吉士，充武英殿协修，散馆后外放安徽凤台知县，在位7年，以丁忧去官，后主讲江阴暨阳书院达20年。精舆地、考据、训诂之学，是一位活跃于嘉道年间博学多才、颇有声望的舆地学家和方志学家，被时人誉为"海内名哲，江表贤宰"。一生亲自主纂和参与编修的地方志有《凤台县志》《东流县志》《怀远县志》《江阴县志》《武进阳湖合志》等，其中尤以《凤台县志》最为著名，此外还著有《皇朝文典》《大清一统舆地全图》《历代地理志韵篇今释》《历代舆地沿革图》等。

《凤台县志》是李兆洛在凤台知县任上所修。据考，其在出任凤台知县时，

▲ 李兆洛像

下车伊始，即出示《与凤台绅士商兴修事宜书》，提出地利要讲求，读书宜鼓舞，保甲宜举行，志书宜纂修，名胜宜兴复等5项急待兴办的要事。在志书宜纂修项内，把不了解本邑历史比作后代子孙不知祖系谱牒一样，是件羞耻的事情，"志书为一县文献所寄，犹家之有谱牒也，为子孙而不知先代谱牒世系，无不羞之；为邑中人士之望，而于一邑文献不能数述，独非耻乎"。因此到任后即开始修此志，3年后成书，并由李兆洛亲自操笔纂修。

该志最大的特点是纲举目张，结构严谨，脉络井然。全志共12卷，分成12个大的门类：卷一，舆地；卷二，食货；卷三，营建；卷四，沟洫；卷五，官师；卷六，选举；卷七，艺文；卷八，人物；卷九，列女；卷十，古迹；卷十一，图说；卷十二，附录。该志是一部典型的纲目体志书。在每一个大门类下，再分若干细目。如"舆地"，下设沿革、疆域、坊保、山川、形胜、分野等6目；"食货"，下设风俗、户口、田赋、税课、盐引、硝额、额解、额支、捐摊、赈恤等10目；"营建"，下设城郭、公署、监狱、汛铺、仓廒、书院、津梁、坛庙、义冢、寺观、游观等11目；"艺文"，下设载籍、金石和词赋等3目；等等。目以类归，层次清楚，结构严谨，反映了事物之间的统属关系。

其二是厘定篇目不拘于古例，注意突出地方特色。鉴于凤台县是从寿州分出的小县，建县历史不长，所以《凤台县志》的门类设置相对较为简单，仅有舆地、食货、营建、沟洫、官师、选举、艺文、人物、列女、古迹等门类。他还针对凤台县易涝易旱，"百余里间无清渠以泄之"，"无堤防以衡之"的特点，专设了"沟洫"门，提出了"淮南之地多宜蓄水""淮北之地多宜泻水""滨淮之地厥宜障水"的治理要旨。

《乾隆永清县志》

《乾隆永清县志》作者是一代方志学大师章学诚。乾隆四十二年（1777），永清知县周震荣延请章学诚主修《永清县志》，至四十四年（1779）七月书成，凡6体，共25篇，另有《文征》5卷。现抄《永清县志》目录如下：

纪二：皇言、恩泽。

表三：职官、选举、士族。

图三：舆地、建置、水道。

书六：吏、户、礼、兵、刑、工。

政略一。

列传十：龙敏、史天倪、史天安史天祥、史天泽、杜时升张思忠郝彬、诸贾二张刘梁、义门、列女、阙访、前志。

另附有文征五：奏议、征实（家传二、行状一、碑刻十七）、论说、诗赋、金石。

该志是章学诚编纂的现存唯一完好的志书，体现了章学诚"方志分立三书"的编纂思想，仿纪传体正史体例，以纪、表、图、书、政略、列传6体编"主体志"，另外还设有文征，汇集当地人所作和外地人为当地所作的奏议、文章、诗词歌赋、碑文等。

该志在笔法上反映了章氏的史志义旨，注意了我国古代史学的直书传统，力求史实的真实性，对有关永清县的文献广搜博集，进行整理分类、考证、阙访、存疑。如为"前志""阙访"立传；除义门、列女、阙访、前志外，人物传不对人物强行分类，以类传人志；对旧志"星野"存而不论；剔除"八景图"，详绘"河防图"；"碑刻之文，有时不入金石者，录其全文，其重在征事得实"；"士族表"收载了城内北街贾氏、柴氏、朱氏，南街刘氏，东乡大站赵氏等家谱22种；对正史、前志所载永清县历史人物诸如史天泽等，一一进行辨正，事入"传记"，文载"文征"，或有疑处，以待后人考定；寓褒贬于志书的编纂和有关史事的记述之中，对"选举表""职官表""列女""政略"有关人物的记述，进行了独到的处理，"选举有表而列传无名，与职官有表而政略无志，观者依检先后，责实循名，语无褒贬而意具抑扬，岂不可为后起者劝耶？"

首创"政略"篇，即他志之名宦传，与纪、图、表、考、传并列为志书之一体，但取材与一般的人物传有所不同，只载官员宦该地时政绩，也就不必如人物列传那样，须盖棺论定，对去任之官，"虽未经没身论定，于法亦得立传。盖志为此县而作，为宰有功此县，则甘棠可留；虽或缘故被劾，及乡论未详，安得没其现施事迹？且其人已去，即无谀颂之嫌，而隔越方州，亦无遥访其人存否之例。惟其人现居本县，或现升本省上官及有统辖者，仍不立传，所以远迎和之嫌，杜是非之议耳"。

《永清县志》也存在着一些封建糟粕，如没有大事记，志首列"皇言""恩泽"两纪，苦心经营"列女传"，甚至不惜违背生人不立传的原则，大力宣扬节孝贞烈等封建伦理纲常，希冀"《史记》好侠，多写刺客畸流，犹足令人轻生增气，况天地间大节大义，纲常赖以扶持，世教赖以撑柱者乎"，打上了封建时代的深深烙印。

■《嘉庆广西通志》

《嘉庆广西通志》作者是谢启昆。谢启昆（1737—1802），字良璧，号蕴山，又号苏潭。江西南康人。乾隆二十六年（1761）中进士，三年后朝考第一，授翰林院庶吉士。乾隆三十一年（1766）授编修，充国史馆纂修，兼协修记注官。乾隆三十七年（1772）外任镇江知府。后历官扬州知府、宁国知府、江南河库道、浙江按察使、山西布政使、浙江布政使、广西巡抚等职。其间，乾隆五十四年（1789），曾掌白鹿洞书院山长年余。谢启昆"少以文学名，博闻强识"。成年后虽久居官场，但从政之余，好学不倦，勤于著述。主持修订《史籍考》《山谷外集·别集补》，著有《西魏书》24卷、《小学考》50卷，并修有乾隆《南昌府志》、嘉庆《广西通志》。

《嘉庆广西通志》于嘉庆五年（1800）开始编纂，次年完成。全志279卷，首1卷，分典、表、略、录、传5体，22门。即典一：训典；表四：郡县沿革、职官、选举、封建；略九：舆地、山川、关隘、建置、经政、前事、艺文、金石、胜迹；录二：宦绩、谪宦；列传六：人物、土司、列女、流寓、仙释、诸蛮。自问世以来，颇受名家赞誉，是清代最负盛名的一部通志。梁启超云："《嘉庆广西通志》其价值与章氏鄂志埒，且未经点污，较鄂志更完好也……故后之作者，皆奉为模楷焉"，"大约省志中，嘉、道间之广西谢志、浙江、广东阮志，其价值久为学界所公认。"

《广西通志》的编纂特色，首先是在体例上基本仿正史纪传体，稍加变通，创典（即训典，按年次记载诏谕、敕令和恩泽）、表、略（即书、志）、录（处训典、列传间，犹如世家，包括宦绩和谪宦）、传之体，并在一定程度上承袭了章学诚《湖北通志》的基本思想。《广西通志》所创的典、表、略、录、传五体，实际应是《湖北通志》纪、图、表、考、略、传的变体。章学诚曾云："皇恩庆典宜作纪，官师科甲宜作谱，典籍法制宜作考，名宦人物宜作传。"这便是章氏《湖北通志》诸体由来的依据，《广西通志》基本上继承了《湖北通志》各体，以"典"继"纪"，"略"继"考"，"录"继"略"，"表""传"仍其原名，在名目上虽稍有变化，但实质意义上仍上承《湖北通志》之续。但以"录"代《湖北通志》之"政略"四类，并分别为"宦绩""谪宦"二录，可说稍长于《湖北通志》，因一人为政，若吏治有声，当多方建树，非仅拘于一端，强分经济、循绩、捍御、师儒四类，难免名实相左，不若归为一类，统称"宦绩"。

其次，征引赅博，考据详确。谢启昆宗考据学派之学风，治学严谨，强调言必有据，据必可信，无征不信。在纂修《广西通志》时，谢氏将这些信条运用于始终。不仅据撼历代正史和衙署案牍、档册资料，还大量引用了地方志、杂记、传记、奏疏、采访册等地方文献资料，且均注明出处，述而不作。试以"铜鼓考"一节为例，所引用的资料就有《后汉书·马援传》《隋书·地理志》《柳州府册》和《博白县志》等20余种，在同代所修志书之中，像谢修《广西通志》这样引书之博，应当说是所见不多的。另外，谢启昆纂修《广西通志》不但大量地征引资料，而且对所引资料加以必要的考据。对于旧志所载，误者订正之；不能订正的，则存疑。如针对世人将"铜鼓"视为伏波军器的讹误，谢氏引用梁欧阳顾所记"征蛮以获铜鼓为战功，所谓迁其重器也"来正之，并深究出此讹误之源乃陆游《老学庵笔记》中所载铜鼓"有用之战阵"之语。

其三，对地方文献的著录编排方式也较旧志不同。我国书目著录有四部和七略分类法两种，隋以前，二者并行发展，唐修《隋书·经籍志》分群书为经、史、子、集四部，从此，我国正史艺文志和经籍志都用此法，四部成了我国史志目录的主流。北齐、北周间，宋孝王著《关中风俗传》，专录一方人士之著作，实开后世方志著录书目的风气。《广西通志·艺文略》则另辟蹊径，分为上、下两部，上部以经、史、子、集分类，"专载粤西人作述，以正著录之体"；下部则为传记、事记、地记、杂记、志乘、奏疏、诗文等,"乃游宦粤西者据所见闻,专为记载"。且一改过去有些旧志全录著作全文的传统,仅著录文章著作的篇目和序跋,不录正文,犹如广西经籍志。对须载入的诗文则分别于有关事条下,用小字双行书之,使有关文献系于各事记载之下,便于稽考。这样,使"艺文略"既内容充实,又避免了传统志书艺文志篇幅冗杂的弊端。

其四,反映地方特色。广西地处边陲,又是个多民族杂居之域。对于这一地区的地方特色,《广西通志》予以了足够的重视,在门类设置及内容选载上都以此为重点加以突出。如专列"关隘略"以记境内特别是边界的关口、山隘情况。"诸蛮列传"则记述了本地瑶、侗、壮、苗等少数民族的语言、饮食、礼俗、衣饰诸多方面的资料。"土司列传"中则对虽经明清两代改土归流,但其时仍有行世的土司制度及其有关人物加以记述。"前事略"中则重点详述了境内少数民族"种族之源流,种族之盛衰"的演变发展历史,尤为可贵的是,其中还有不少历代少数民族人民反压迫、剥削斗争的珍贵史料。再如铜鼓是广西少数民族特有的器物,它多用于祭祀和欢乐时奏乐。《广西通志》于"金石略"特辟"铜鼓考",将其见存最著者录之,又收集了见诸史册的"古今之说以备考",同时对于铜鼓的外形、装饰、质地、音响等方面的情况也作了详尽的记述。

《广西通志》同样也存在着不足之处。第一,"前事略"是以时为经,以事为纬,纵向叙述广西历史上的大事、要事,犹如大事记。大事记一般置于首卷,然本志"前事略"却置卷中,起不到了解一地概貌的作用,亦不合志体。第二,有的门类记载阙略不少,如在山川方面,临桂县缺记白石水、真源水、青枫潭、义井、张公洞、光明山等;关隘方面,桂林府未记古蛮隘、栏木桥隘等。第三,某些门类的记载在时间上未能做到下限统一，统合古今。谢启昆任扬州知府时，曾因"徐述夔诗词悖逆狱迟缓，褫职戍军台"，故修志时，凡涉及禁忌史事和可能犯禁之事，均不敢收录。《广西通志》的"封建表""仙释传""前事略""谪宦录"的下限断至明代，"金石略"更甚，仅及元末，其余均述至清代。这样断限参差不齐，有违于方志"统合古今"的原则。第四，《广西通志》虽仿纪传体史书的体例，但与章氏《湖北通志》相比，少了"图"一体，仅将十三疆域图附于"舆地略"中，其他沿革、水道诸图皆无，这也不能不说是该志的一大缺憾。

■ 《乾隆汾州府志》

《乾隆汾州府志》作者是清代修志地理派的代表人物戴震。乾隆三十四年（1769），戴震第三次会试落第，从京师去山西入朱珪幕。朱珪是朱筠之弟，其时任山西布政使，他的赞赏使戴震在山西名声大噪。朱珪的下属、汾州太守孙和相正拟重修《汾州府志》，于是聘戴氏主纂，次年成书，共34卷。该志是戴震方志学理论付诸实践的典型志书，在方志史上多有好评，甚至有的奉为"修志楷模"。戴震曾谓自己纂志"绝不异人"，是针对章学诚的某些创例而言。戴震看不惯章氏喜欢变换名称和强应旧史的做法，故说"修志不贵古雅"，而他的做法"绝不异人"，实际上，戴震纂修的志书，"于沿革之外"多有"别裁卓见者"。现抄《汾州府志》目录如下：卷首、沿革、星野、疆域、山川、城池、官署、仓廒、学校、坛壝、关隘、营汛、驿铺、户口、田赋、盐税、职官、宦绩、食封、流寓、人物、义行、科目、仕实、列女、古迹、冢墓、祠庙、事考、杂识、艺文。

《汾州府志》的编纂特色，首先是体例谨严得当，考核精善，纠正了不少旧志、正史中的错误，辨析地理沿革、条理山川脉络，均超乎前人。《汾州府志例言》曰："志之首沿革也，有今必先有古……昔人考之不审，徒检史书中涉乎西河、汾州、中都、平遥、介休、永安之名者，取而列诸名宦、人物，因又祀于名宦祠、乡贤祠；论其世，考其地，实非官于斯，产于斯者也；而此地之名宦、人物，往往遗失之。故沿革定而上考往古，乃始无惑。"旧志言地理不注重考核沿革，论山川只列名目，不详其山之脉络和水之源流，"散列漫无叙次"，戴氏使其井然有序，"务求切于民用"，远胜旧志"仅点缀嬉游胜景"。又《汾州府志》列有古迹、冢墓、祠庙等专门，而于山川中复见之，看起来重复，但实际上戴氏是有深意的，列古迹等专门，是"备稽古者之检也"；而古迹等于山川中见之，则是仿《山海经》《水经注》《元和郡县图志》等古书之例，叙山川加以采摭故实，叙一水、山脉、古迹、冢墓之类而得条贯，如其《例言》曰"府境虽广，山川虽繁，按文而稽，各归条贯"，古迹等虽列有专门，然山川、古迹、冢墓、祠庙等本是一个整体，彼此相杂，只要使其归于条贯，就会给人以整体印象，不会更端重出。故段玉裁节抄《汾州府志》之例言、图表、沿革、星野、疆域、山川、古迹，"将付诸梓，以为修志楷式"。

其次，章学诚主张志中艺文一门当仅列著述目录，另纂文征，专收诗文记序等著述作品，即取征文佐史之意。而戴震谓"志主乎地，不取备文体也"，将艺文系于志末，收录与一地相关的诗词、奏疏、论文等，与前者起相互参证作用，便于读者查阅，若置于文征之中，不方便发挥参证的作用。《四库全书总目》批评元明以来方志"列传侔乎家牒，艺文溢于总集，末大于本，而舆图反若附录。其间假借夸饰以侈风土者，抑又甚焉"，不过戴氏显然不在此列，"虽其地之人，而生平所有奏疏、论著，于地无关者，例不当录"。又章氏主张"艺文入志，例取盖棺论定；现存之人，虽有著作，例不入志"，取材限于盖棺论定者,这一点戴震亦有不同看法,认为人物入志,当作此处理,作品则未必,故《汾州府志》收录了孙和相、曹学闽、诸世器、丁宗懋、朱溶等当世多人的作品,如孙和相的《治汾说》、曹学闽的《西河考》等。

其三,戴震认为名僧必居古寺,古寺当归古迹,故在《汾州府志》中将"仙释"附于"古迹"卷"寺观"中,意在"明非正也"。戴氏为儒士,尊崇尧、舜、禹、文、武、周公、孔、孟为正宗,以释氏为异端,故以名僧入寺观见之,而不与名宦、乡贤、忠烈、孝友、义行、列女等人物并列,"明非正也"。此举表现了当时"罢黜百家、独尊儒术"的时代烙印。

其四,新创"仕实"一门。《汾州府志·例言》曰:"志之人物,以人品学问德业,而忠孝固德之大端也。有德有文者,于人物见之;专以文著者,于科目、仕实中散见之,无庸复列。"以德才兼备能为人之楷模者入于人物,此为旧史之例,仕实仅录事之可传者,即对事而不对人,此旧史所不取,可谓戴震的一大发明,实是出于其"善善从长"、劝善惩恶之微旨。但后世人有不同意见,瞿宣颖评论说:"又仕实一门,志所特创。然按其所录,实不知与人物何殊。若谓人物必取贤者,仕实可兼不肖,则五代之相里金等何尝史有贬辞。强分名目,是何理也。"

■ 《光绪顺天府志》

《光绪顺天府志》作者是缪荃孙(1844—1919),字小珊,号楚芗,后改字炎之,号筱珊,晚年居艺风堂,世称艺风先生,江苏江阴县人。光绪二年(1876)进士,历官翰林院庶吉士、编修,清史馆总纂,创办过江楚编译书局、江南图书馆和京师图书馆,是晚清著名的目录学家、金石学家、史学家、方志学家、藏书家和教育家,"性直面和,好学若命","举世服其赡博无异词"。著有《艺风堂文集》《艺风堂续集》《艺风堂外集》等。尤为人称道的是,他的修志活动贯穿其一生,并卓有成就,颇得当世及后世学者的好评,其所纂《光绪顺天府志》《光绪昌平州志》《光绪湖北通志》和《民国江阴县续志》无不为传世佳志,尤其是《光绪顺天府志》,《续修四库全书提要》称其"精博典核,为近世方志之冠"。

《光绪顺天府志》修于光绪五年(1879),时顺天府尹周家楣聘请国子监祭酒张之洞为总纂,缪荃孙被延为协纂。光绪七年(1881),张之洞调任山西巡抚,缪荃孙就成为《顺天府志》事实上的总纂,并亲纂该志金石、艺文两门,又纂地理志中疆域、寺观、沿革表,经政志中矿厂、钱法,人物志中乡贤表,乃至撰写序志,"与力最多"。至光绪十一年(1885)成稿,次年成书,共计11门69子目130卷。

▲ 缪荃孙像

李鸿章说:"至其体例之善,文采之美,则九能三长授简缀辞,极天下之选,以成一代之书,信今传后无疑也。"抄目录如下:

京师志:城池、宫禁、苑囿(行宫附)、坛庙、祠祀、衙署、兵制、官学、仓库、关榷、厂局、坊巷、水道、寺观、风俗。

地理志:疆域、山川、城池、治所、祠祀、寺观、冢墓、村镇、边关(海口附)、风俗、方言、天文表、沿革表。

河渠志:水道、河工、津梁、

水利。

食货志：户口、物产、田赋（杂征徭役附）、旗租。

经政志：官吏、仓储、漕运、矿厂、盐法、钱法、典礼、学校、营制、驿传（铺附）。

故事志：时政、兵事、学派、祥异、杂事。

官师志：官师传、职官表。

人物志：先贤、杂人、鉴诫、方技、列女、释道、侨寓、选举表、爵封表、昭忠表、乡贤表。

艺文志：纪述顺天事之书、顺天人著述。

金石志：御碑、历代。

序志：序录（述修志缘由及内容梗概）、志例、引用书目。

附录。

《光绪顺天府志》的第一个特点是，体例上的匠心独运。尤其是"故事志"和"人物志"的设置令人耳目一新。"故事志"即大事记，但与众不同的是，它分时政、兵事、学派、祥异、杂事5目，对历代大事分目记载。时政载顺天府历代重大政治事件，兵事载府境历代重要战役，学派载顺天府历代重要学术派别，祥异载府境内吉祥之事与重大自然灾害，杂事记历代府境内逸闻琐事。"人物志"中的先贤、杂人、鉴诫3目，为其他旧志所罕见，先贤目记载贤者，"庸碌无能之辈而事迹较多"，"才犹自许之人而瑕瑜互见"者入杂人目，而"其智足以惑人，其才足以驭众，并有读书以佐其口辩，谙事以助其便捷，当其得意，非不自以为能立身，一败先祸人国，并祸其身。生为至愚，死为大傻，有才与无才同，大智乃大拙"者，则由鉴诫目记载。

《光绪顺天府志》的另一特点是突出反映地方特色。顺天府是清朝国都所在之地，这是顺天府迥异于其他地方的最大特色，故该志以

"京师志"一门通领全志，冠于卷首，用18卷的篇幅记载北京城的历史与现状，彰显出帝都独一无二的地位。而在志书的记载上又能严守志体，严格区分中央与地方的界限，越境不书，在官师志和人物志中对帝王后妃和京官未予记述，只是在京师志"衙署""兵制""官学"等目中记录京官官职的变化情况，外国公署附载京师志"衙署"之后，宣武门内敕赐额天主教堂附载京师志"寺观"之后。但对于分封于顺天的王侯则设"爵封表"一目予以记载，归入人物志。从而为首都志如何入笔，记载中央驻区人、事、物提供了一个成功的样板。诚如瞿宣颖说："是本书京师一志尤为不易着笔。乃今观全书，惟京师志最为精华所萃。不独与《日下旧闻考》无重规叠矩之嫌，且体制弥为今胜于昔。"再者，因清初八旗王公、官员、兵丁分地，"凡地十五万三千四百六十七顷十六亩有奇，厥地不仅隶顺天，而顺天府境之地被圈为多"，有"存退、另栾、屯庄、庄头、三次、四次、奴典、公产"八项旗租，所以该志在"食货志"因地制宜地设立"旗租"一目。而把"河渠志"从"地理志"中分出来，单独设为一门，是因为"畿辅五大河，涉府竟者四，其分合诸水，五百有余，自来著述，贯穿盖寡，今则例综禹贡，体合桑酈，沿流探源，脉络毕现"，元明清以来，每年需漕运三四百万石粮食供应北京，假如北京地区修好水利，多打粮食，就不需要从江南运粮来，可见这个设置与现实的民生密切相关，更是地方特色的突出反映。

博引广泛，考证严谨是《光绪顺天府志》的第三大特点。该志内容翔实，详今备古，其引用书目竟达800多种，考证严谨，信而有征。全书征引文字，必须注明出处，列出异同，加以辨析，力求一是，不仅如此，他还强调实地考察，征询故老耆旧，获取第一手资料。

第三节　清代的方志学家

■ 胡渭

胡渭，原名渭生，字朏明，号东樵，浙江德清人。年十五为县学生，后入太学，遂绝意科举，专究经义，尤精舆地。康熙时，徐乾学奉诏修《大清一统志》，胡渭与阎若璩、顾祖禹等应邀助修，因是得见各省之方志。胡渭著《禹贡锥指》。凡方志与《禹贡》相涉之疆域山川，皆采录之，以证九州分域，山川脉络原委，及古今同异之故，一一讨论明详，排比有序。其中《导河》1篇，侧重于治水，辨析发微，尤为精细。此书称20卷，图1卷，而其中之卷十一、卷十四各分上下，卷十三分上中下，中卷又分上下，实为二十六卷，卷首一卷，为图四十有七。此书于汉、唐、宋、元、明之河图考订精密，实际上是集汉、唐以来诸家之说，折中以定一是。胡渭著书颇多，《锥指》外有《易图明辨》十卷，专为辨证"图书"。自宋陈抟推阐《易》理，衍为诸图，其图本准《易》而生，故以卦爻反复究求，无不符合。胡渭既按图明辨《易图》卦义，又加推衍，

▲ 胡渭像

用于究求地理，亦无不合。又著《洪范正论》《大学翼真》等。

胡渭晚年家居之后，专心于乡邦之方志，意欲以一生所知舆地之学，纂府、县志各一，并拟订吴兴、德清二志体例，皆未成而逝。据《德清县续志》"胡渭行状"载："渭纂《吴兴典录》建置沿革，山川原委，具有端绪，其余未及排纂，盖未成稿也。"胡渭私淑六朝地舆学家遗绪，著《禹贡锥指》一书，阐发后汉、魏、晋术数家言，后人莫解其义。《吴兴典录》未成稿，久佚，无从详其大略。

■ 章学诚

章学诚，字实斋，会稽人。生于乾隆三年（1738），乾隆四十三年（1778）成进士，官国子监典籍，致仕后主讲定州之定武书院、保定之莲池书院、归德之文正书院有年。后入湖北巡抚毕沅幕府，襄助编书。章学诚是清代著名史学家，一生精力用于讲学著书，所著《文史通义》，为史学理论名著；著《校雠通义》，为校勘学名著。卒于嘉庆六年（1801），年64岁。

方志学是章学诚史学的重要组成部分。他认为方志属于史学，故说："方志属史。"从此以后，人们才认识到方志不是限于方域性的地理书。当时学者专研文字训诂之学，名目考据学。如戴震、钱大昕最为著名。他们主张，修地方志应繁征博引，无一字不著来历。

章学诚一生从未参与修史，而集中精力纂修地方志，从中表现其史学才能，实现其终生祈向。他在《答甄秀才论修志书》中说："丈夫生不为史臣……纂修志乘亦其中之一事也。"所以要探索章学诚的史学思想，应从其所论"志例"与其所纂方志的理论和体例中加以衡量。

方志体例学章学诚之"志例学"，以《方志立三书议》一文，最为完备；此文为论志例学之主要理论文章。他认为方志体例的理想是要达到纪传正史,为《春秋》之流别;掌故典要,为官礼之流别;文征,为风诗之流别。这就是"方志立三书"之理论。章学诚主张以"立三书"之学,用于方志之"志""掌故""文征"三体,作为方志体例必备之三大纲。

关于志的含义,章学诚认为源于古之国史,《周官》外史掌四方之志,"如《春秋》之藉资于百国宝书"。故说"仿纪传正史之体而作志"。

关于掌故,他认为这是《周官》之六典,《史记》之八书,《汉书》之律令。故说"仿律令典例之体而作掌故"。

关于文征,章学诚认为,"太师陈风诗之遗"是指《诗经》所采集之诗,有如后世《宋文鉴》《元文类》。《文选》《文苑》诸家所选之文,意在文藻,不征实事,而《文鉴》所选之文,有关政法,《文类》所选之文,有关故事,所以文征要收集有实际事实之诗文。章学诚在《永清县志》文征序例中说:"近人修志,艺文不载书目,滥入诗文杂体,其失固不待言。"改艺文之名为文征,用意就在这里。

章学诚的"方志立三书",是方志志例学的理论,其基础是以《春秋》《诗》《礼》三家之学来确定志、掌故、文征三纲。"四体"则是这种理论的实际应用。分清志例理论与志例的实际应用,才能明了章学诚志例的意义。三纲中的志与掌故,在篇目组织形式上极难区别,只有文征明显地自成一纲。不过章学诚纂《湖北通志》体例,以文征为八集,又以丛谈另分四卷,在篇目上颇重复之处。

除《方志辨体》之外,章学诚谈到方志区分界限的理论,还见诸其他文章。如《丙辰札记》中所说:"余尝论各部通志与府州县志,各有详略义例,不知者相与骇怪。余取譬于诗文之有命题,各有赢阙至量,不容相假借也。"又《湖北通志》凡例说:"流寓止可用于府、州、县志,通志不宜用也。"以上诸说,都是章学诚关于区分各级志书界限的理论。总其宗旨,在于强调方志为国史所取材;如各级志书界限划分明悉，则可免省府县志的重复记载。章学诚所论，只限于省、府、州、县志，没有涉及村镇志书与关镇、卫、所诸志。

章学诚有关方志学的理论，其重点在于确定体例。章学诚的方志理论，就是志书体例服务的。如《方志立三书议》《方志辨体》《修志十议》等文，都是说明方志体例的重要性。这些文章，对体例的继承、改革和创造，都作了有深度的分析。章学诚认为，方志的真正价值在于为编纂国史提供材料，所以他对地方史料的收集十分重视。他的着眼点，就是为编纂为封建统治服务的国史提供所需要的东西。

章学诚在四库全书馆时，编辑方志目，所收方志极少，他认为旧方志芜滥者多。后人以为章学诚对方志的看法有所改变，其实不然。章学诚只重视志例，没有重视方志中的资料这方面，因而把很多内容可取的方志舍弃，没有收入《四库全书》，这是很可惜的。

■ 戴震

戴震，字东原，休宁人。乾隆间举人。少年时从婺源江永学礼经制度名物，及推步天象。乾隆三十六年（1771）应会试不第，遂专心精研"汉学"，由声音文字以求训诂，由训诂以求经义。戴震为学实事求是，不主一家之言，纠正由唐以来经注互讹甚多。著有《诗经二南补注》《毛诗考证》《孟子字义疏证》《仪礼正误》等，文集有《戴东原集》。

戴震的方志学识，是从考证经史中地名、郡邑、山川入手。其所作《应州续志序》说："余曩因诗古文词，所涉检寻郡邑志书，其于经史中地名山川故城废县，以及境内之利病，往往遗而不载之，又漫无据证，志之失大致尽然。"戴震修志以古今沿革作志首，他说："志以考地理，但悉心于地理沿革，则志事已竟。侈言文献，岂所谓急务哉！"当时章学诚与之驳议，批评戴震"经术淹贯，不解史学，不解方志为古国史，而非地理专门"。按章学诚此说,实际上是不了解沿革为方志之冠冕,也是志书纲领所系;若沿革证实,则纲举目张。因方志所载,有地域性断限,若沿革不考实,则历代地域之界限不明;地域之界限不明,则有地域性之典章制度、地方史事、物产人物等,就无法记载落实于一书。所以戴震说:"但悉心于地理沿革,则志事已竟。"在他看来,考证沿革为修方志的首要工作。以往修府、县志者,往往只考证至郡邑沿革,而没有考证到乡镇道里之沿革变迁。即使是考据家所修的方志,也往往在乡镇道里方面考据疏忽,而发生错误。例如清赵怀玉补辑《咸淳毗陵志》,误将明洪武时的道里辑补于《咸淳毗陵志》中。又如《震泽县志》以长兴县之乎望乡,误为邑之平望镇,雍正《平望镇志》亦沿借此误,说钱林隐居于此。今吴江县之平望镇距长兴县相隔二百余里,岂不可笑。乾隆时沈登瀛作《震泽县志沿革书后》一文,力驳斥之。文中说:"古有乌程县之平望乡,有长兴县之平望乡,二乡相距甚远,不容相混。乌程县之平望乡,宋初割属吴江,今兼属震泽县;长兴之平望乡,在水口镇,即今吉祥乡是也。乃《震泽志》之论沿革,竟以长兴之平望,讹为乌程,甚可异焉。其言曰:平望之名见于《晋书·陆晔传》,盖以晔封平望亭侯为据也。考汉时长安城东有平望亭,《湖州府志·寓贤传》钱林隐于平望乡陂门里子山之东。案子山属长兴,今震泽之平望无山。长兴《邢志》钱林传引《张志》注云:今吉祥乡有陂门里,古平望也。《谭志》谓在水口。又顾箸溪尚书《长兴志》,其书已古,于钱林传注云:故宅或云在子山,或云上阁步。虽不实指何处,总为长兴地也。"这个例子证明,戴震修志首重考证沿革是极有见识的。章学诚对戴震此说的批评,没有从修志要达到真实性这方面着想。其实,戴震这一观点至今日还是有用的。

《水经注》一卷,戴震书后说:阅胡朏明《禹贡锥指》所引《水经注》疑之，因检郦氏书展转推求，始知胐明所由致谬之故，实由唐以来经注互讹。唐宋以来的经注，往往重义理疏考据。戴震深博经术，在古地名、名物方面纠正了胡渭《禹贡锥指》之误，也考证出《水经注》之误。清代地理考据学，到戴震是大进一步。

《汾州府志》三十四卷，清孙和相修，戴震纂，乾隆三十七年刊本。分图表、沿革、星野、疆域、山川、城池、官署、仓廒、学校、坛壝、关隘、营汛、驿铺、户口、田赋、盐税、职官、宦绩、食封、流寓、人物、义行、科目、仕宦、列女、古迹、冢墓、祠庙、事考、杂识、艺文诸门。按此志出于众手，戴震只考核地理部分。但此书被称为通儒戴震手纂，颇负一时盛名，认为此书之详尽，为以往地志所未见。修方志，莫难于辨沿革，而戴震最精于考地理沿革。例如，他考辨《元和郡县图志》汾州一条中，纷然不治者六，详见《与曹给事学闵书》。戴震纠正唐人治经史之误甚多。例如，他考证子夏设教西河，西河在龙门，不在汾州。又从晁以道之说，以汾州之吕梁、狐岐，释《禹贡》治梁及岐辨旧说；以苏子瞻、曾彦和、阎百诗、胡胐明之穿凿，详晁以道之所不能详，斥蔡仲默引书耳食之病，使学者晓然。其考核之精详，非通儒大师不能为此。然而当时之章学诚《记与戴东原论修志》，直斥"戴君经术淹贯，名久著于公卿间，而不解史学"，这显然是不恰当的，与章学诚"六经皆史"之说，也自相矛盾。

《汾阳县志》十四卷，清李文起修，戴震纂，乾隆三十七年（1772）刊本。此志为戴震一手纂成，分21门，体例较府志简赅，考沿革、疆域、山川甚详，可证前志缺失甚多。此志地图也是戴震自绘。据段玉裁《戴东原年谱》，戴震作此图，迭经数稿，先画地图于白纸红格，每格方减寸许；画方计里，用晋裴秀法，而里数之远近，即可计北极之高下，县之方乡四至八到，无少差误。

■ 钱大昕

钱大昕，字晓征，又字及之，号辛楣，又号竹汀居士，嘉定人。生于雍正六年（1728），卒于嘉庆九年（1804），享年77岁。清高宗南巡，钱大昕因献赋而赐举人，乾隆时期考取甲戌科进士，授翰林院编修。乾隆二十四年（1759）以编修放山东主考，又连放湖南、浙江、河南主考、副主考，官至少詹事、广东学政，乾隆四十年（1775）休官归里，时年48岁。

钱大昕通经学，主张由训诂以求义理，不专治一经，又不专守汉儒家法，谓治经能贯通大义而已。在他所著《潜研堂丛书》中，除讲诸经和《说文》及音韵之作外，绝大部分是史学著述。钱大昕的方志学思想，是由考证史籍涉及地理学，由考据地理涉及方志学，一脉可循。在《潜研堂文集》中，有关论述旧方志的序跋及书札有数十篇，以评述方志人物志，以及对人物的取舍标准，最具卓识。所纂鄞县、长兴二志，均甚有名，可称清代志乘名家。

《鄞县志》30卷，清钱维乔修，钱大昕纂，乾隆五十三年（1788）刊本。钱维乔字树参，一字季木，号曙川，又号竹初，武进人。精舆地、志乘之学，又善画，乾隆二十七年（1762）举人。官鄞县知事，聘钱大昕总纂县志，分纂有邑举人卢镐、贡生倪象占、廪生袁钧。此志由钱大昕订例，仿四明宋志体例，大变前志体裁；尤于人物传例，用宝庆、延祐二志例，皆不立儒林、文苑诸标目，总题目人物，以时代为次。人物传不立标目，虽循古法，但在当时仍属首

▲ 钱大昕像

创。所订凡例，以沿革为志首，引书必注出处，纯为考据家修志之例。

但此志考沿革，亦未必精详，误缺很多。同治时董沛、徐时栋重纂《鄞县志》，参阅一千六百余种图籍，对《钱志》进行笺补，考证将近千余事。按号称名书，而缺失若是之多。可能由于书出众手，钱大昕只抓大纲，疏于细事所致。

《长兴县志》28卷，清邢澍修，钱大昕、钱大昭纂，嘉庆十年（1805）刊本。邢澍字雨民，号俭山，甘肃阶州人。乾隆五十五年（1790）进士，嘉庆元年任长兴知县。他认为邑乘修于乾隆十四年（1749），草率不精，于是聘钱大昕重纂，又聘大昕弟大昭助辑旧志戊辰以后续修诸条。嘉庆七年（1802）秋，钱大昕与钱大昭赴长兴与邢澍商榷志书条例。钱大昕订定志例，为二十九门，附类八；于疆域、风俗、物产三门，例严事详。疆域下附形势，风俗侧重养蚕俗礼，物产特详土著。又删旧志帝皇一门，并列于人物之前；书后附杂识一门，兼及考证，又另立辨证一门，殊若重复，但义例分明（分考证、辨证二篇，是钱大昕仿明顾应祥《长兴县志》例。）考证是改正显著之失误，辨证则不尽推前人议论，引经据史，直斥无当。此志为钱大昕晚年精心之作，未目睹刊成而先逝。

在此志"辨证"一门内，钱大昕引沈约《宋书·州郡志》："晋武帝太康三年，分乌程立。当太康建县之始，长城（长兴）与故鄣并为吴兴属县，而故鄣为秦汉旧县。志但云分乌程立，不及故鄣，明乎，故鄣与长城无涉也。"以此反驳明顾应祥《长兴县志》叙沿革时引《史记正义》所谓长城地兼故鄣之说。当时沈登瀛作《原乡考》，以驳钱大昕之说，嗣后朱镇作《故鄣考》，也反驳钱大昕，使长兴沿革之争论，百余年不息。沈登瀛又作《邢志条辨》一卷、《邢志辨讹》一卷，朱养元作《邢志补志》一卷，都指责钱大昕《长兴县志》之缺失。以钱大昕之才修县志，而不免众议所诽，可见修志并非易事。

■ 武亿

武亿，字虚谷，一字小石，偃师人。父绍周，雍正癸卯科进士，官东流知县，官至吏部验封司郎中。武亿生于京邸，身长九尺，腰腹伟甚，善读书，乾隆三十五年（1770）乡试举人。喜购书，所得金石文皆作考证，乾隆四十五年（1780）成进士，官博山知县，因事罢官。后游东昌、临海间，供职书院以糊口，贫不能归。至河南诣士友与修县志，嘉庆四年卒邓州客馆，年五十五。

武亿博通经史，长于考据，著有《授堂遗书》8种。所纂《安阳县志》14卷，安阳历代金石文字几乎全被收入。又与孙星衍等合纂《偃师县志》31卷，任金石考据之责，世称名志。武亿又纂《宝丰县志》24卷、《鲁山县志》26卷，这二志都是武亿一手所裁，最可表达武亿的方志之学。现以《鲁山县志》为例，介绍如下：

《鲁山县志》26卷，清董作栋修，武亿纂，嘉庆六年刊本。此志为武亿最后之作，武亿卒后二年书始刊成。其书用《偃师县志》例，分纪、表、志、传四纲，各析子目。书中之金石一目，以金石文字考证邑之史事，这是武亿的专长，也是当时风气所尚。后人讥武亿修志"偏古废今，未足为训"。这也是考据家修志的偏向，武亿又偏重于金石一门，独纂一志，当不免有重古轻今之感。

■ 吴廷燮

吴廷燮，号向之，江宁人。光绪时举人，历官山西省通判、宁远厅同知。后入岑春煊幕，春煊推荐为知府。辛亥革命后，任袁世凯总统府秘书、主计局长、礼制馆评议员。袁世凯死后，闭户著书，所著以地志为多。纂《北京市志》，成于1940年，稿本未刊。《奉天备志》存稿不全，据《辽海书征》称其稿凡20册。与王树枏纂《奉天通志》260卷。又自纂《新疆大记补编》，补光绪间关凤楼《新疆大记》，并抄校《孚化志略》。以上诸志，除《奉天通志》外，均未付刊，所存亦为残稿。另纂《方舆纪要补编》12卷，补顾祖禹《读史方舆纪要》未收之省份，计新疆、奉天、吉林、热河、黑龙江、察哈尔、绥远、宁夏、青海、库伦、西藏，加总说，共12篇，各有小序。由于边疆诸省文献不多，内容不及顾祖禹之书完备。吴廷燮晚年纂成《江苏省备志稿》63卷，首1卷。以往江苏累修通志，但始终未成稿。吴廷燮阅通志稿，载咸丰以前之事不过数册。他曾三游北京，遍阅群书，广征有关江苏文献，到晚年，才成稿63册。内容起乾隆迄宣统，分方域记、大事记、职官表、选举表、民政记、度支记、文教记、武备记、邮传记、邦交记，各有子目。此志体例仅用表、记二体，江苏一省事迹，自乾隆迄宣统，附及民国，备载无遗。因为没有人物、艺文，所以称"备志"。吴廷燮纂地志颇多，均为稿本，上述《补编》《备志》二稿，完整无缺，藏于上海图书馆。

张维

▲ 吴廷燮像

张维，字鸿汀，临洮人。年13为诸生，复入优级师范学堂读书，未毕业，应考拔贡，廷试授学部书记官。辛亥革命军起，张维自北京归里，路经内蒙古，时兰州方倡设省议会，赞成共和，张维在临洮，与相呼应。1912，张维被选为众议院议员、国会议员。张勋复辟变起，张维自北京往天津，航海至上海，不久，以病归甘肃，任省署咨议员。1925年任甘肃财政厅长，改任兰山道尹。后辞职游成都，居蜀两年。1930年任甘肃建设厅长、通志馆副馆长，纂成《甘肃通志稿》120 卷。张维通方志学，著《陇右方志录》及《续录》，首创方志考录书目。

甘肃建省，始于清康熙二年（1663），以陕右布政司分驻巩昌，辖临洮等府；后改为甘肃布政司，增置甘、凉等府，于是别为一省。1929 年又分甘肃地，设宁夏、青海二省。张维所纂之《甘肃通志稿》，是在分出宁夏、青海二省后所修。此志定例甚严，所载典章制度，截至 1928 年为止。但有关社会、民生诸条，间有叙及 1929 年以后事，不拘断限。其体例分舆地、建置、民族、民政、财赋、教育、军政、交通、外交、职官、选举、人物、金石、艺文、纪事、变异、杂记十七门，组织纲目，或以县为纲，或以时以事，或撮序原委，各从事宜，不拘一格。修此志时杨思为正馆长（思字慎之，会宁人），张维居副职，实总理纂修事，下设分纂四人、编辑四人，自 1930 年至 1935 年，凡五年，成志稿 120 卷。此志只印出凡例目录、省县总图和地理沿革图表。其中人物志、金石录、艺文录、河渠录，均出于张维一人之手。

知识拓展

关于方志的收藏

地方史志是我国宝贵的文化遗产，它能保存至今，主要归功于收藏者。今存宋元方志不过 30 余种，而陈振孙《直斋书录解题》地理类，著录方志 110 余种。张国淦《中国古方志考》著录宋元以前方志约计千种。为什么保存至今的这样少？猜测其原因，不外三点：一、宋以前的"图经"，为国家机要资料，保存于秘府。宋代才开始由地方官修州县志，其记载比"图经"更为完备，当时虽已有刊本，但流传于民间的极少。二、郡县废置无常，而郡县一废，其志书就失去了使用价值。宋郑樵《通志·地理略》序说："州县之设，有时而更；山川之形，千古不易"，"州县移易，其书遂废。"当时的方志只供一时使用，新志修成，旧志就无用，所以古方志流传极少。三、宋以前私人藏书风气未盛，如经过战乱，就绝少能得到保存。明清以来藏书风气大盛，如明嘉靖时范钦建天一阁藏书，就保存很多明代方志。

宋刊原本以《吴郡图经续记》为最古，今存仅见载《台湾善本书目》著录宋绍兴四年孙佑苏州刊本、明钱榖抄配。宋代原刊本只此孤本。此外只见《铁琴铜剑楼藏书目》著录所藏影抄宋刊本1部。《吴郡志》只有上海图书馆藏宋绍定三年李寿明平江刊本，仅抄配数页。此本原为吴兴张钧衡所藏，张氏曾据此本影刊，收于《择是居丛书》中。《台湾善本书目》著录宋刊本1部，有抄配，未详原为何人所藏。又北京、南京二图书馆均藏有宋刊元修本，都有抄配。此志有明汲古阁据宋本重刊本，又有元修本，鉴别不精，很可能和宋刊本合为一种版本。《乾道临安志》15卷，存一至三卷。这三卷今存抄本，台湾有清吴骞手校抄本，及钱泰吉手抄校本，上海图书馆藏清李氏借书堂抄本，北京图书馆藏清刘氏味经书屋抄本，北京、南京二图书馆藏影宋抄本。《皕宋楼藏书志》著录影抄宋刊本《乾道临安志》一至三卷，附注说明："钱塘孙仰曾得宋椠本，杭世骏、厉鹗均题记。乾隆开四库馆时进呈，蒙赐奎藻给还本家恭藏。此乃影摹原本，版匡宽大，每页二十行，二十字。"此志乾隆以后未见藏书目录著录。传说安吉吴仓硕藏有宋刊本《乾道临安志》，即孙仰曾之残本，秘不示人。吴仓硕殁后，又出让给同乡四安金葆光。《淳祐临安志》52卷，惟日本静嘉堂文库藏有宋刊残本，另有朱墨批校抄本在台湾，别无善本。至于《咸淳临安志》，北京、南京二图书馆藏有宋咸淳刊残本，清道光时黄士殉校刊本补辑为100卷，并撰校刊记3卷。广东中山大学藏清康熙田文抄本，台湾藏清乾隆间曲阜孔氏抄本，北京图书馆又藏有清马氏道古楼抄本和绣谷亭抄本，南京图书馆藏清赵氏小山堂抄本、清乾隆黄卡云抄本等。清聊城杨氏海源阁藏《咸淳临安志》98卷，卷数最足。而据吴兴陆氏《皕宋楼藏书志》著录：抄本《咸淳临安志》，注明比所存宋本多出2卷，可见重刊本有100卷。《宝庆四明志》21卷，北京图书馆藏有绍定二年刊本，上海图书馆藏清东武刘氏嘉荫簃抄宋宝庆三年修本，复旦大学图书馆藏明抄本残存7卷。《开庆四明续志》12卷，北京图书馆藏宋开庆元年刊本，及清东武刘氏嘉荫簃抄宋本。《延祐四明志》20卷，日本静嘉堂文库藏有影抄元刊本。静嘉堂又藏有《咸淳毗陵志》宋刊残本7至19卷、24卷。《景定建康志》50卷，清钱大昕藏抄宋本在台湾省，另一钱大昕抄本在北京图书馆。钱大昕抄本不知何以有两种，上海、山东二图书馆所藏有明影抄本。《至大金陵新志》15卷，元至正四年刊本在台湾省，明正德十五年修补本，北京、上海、南京等图书馆均藏有残本。《重修琴川志》15卷，图1卷，上海图书馆藏有清昭文张氏影元抄本，常熟张氏影元抄本，北京图书馆藏清道光三年瞿氏恬格斋影元抄本。此外有明汲古阁刻本，北京图书馆藏本陈揆校，上海图书馆、常熟文管会藏本均不全。以上是宋元本方志收藏的大概情况。

明代方志由私家藏书保存较多，范钦天一阁即收藏明方志达二三百种，但弘治以前的甚少，详细情况，可阅骆兆平著《谈天一阁藏明代地方志》一文。明代方志今存约计800多种，主要是当时的千顷堂、淡生堂、万卷楼等藏书家收藏之功。但诸藏书家的书目和《明史·艺文志》的著录均在千种以上，亡佚的还是很多。

清代藏书风气大盛，宋元明的方志赖以保存的不少。在清代四大藏书家中，以常熟瞿氏铁琴铜剑楼藏善本方志最多。据《铁琴铜剑楼书目》著录宋元本方志有30余种，唐宋元的一统志计6种。如宋刊本《三辅黄图》，抄宋本《吴郡图经续记》，宋刊本《吴郡志》，影抄宋本《严州图经》，影抄元本《重修琴川志》，元刊本《至大金陵新志》等。一统志有宋刊本《方舆胜览》，抄元本《大元大一统志》等，都为稀世珍本。其次，吴兴陆氏收藏方志也多善本，据《皕宋楼藏书志》著录，宋本《严州续志》，宋刊抄补《咸淳毗陵志》，影抄宋本《乾道临安志》一至三卷，旧抄本《咸淳临安志》，宋刊本《咸淳临安志》，明洪武刊本《苏州府志》

等，均为善本，可惜陆氏藏书早已售给日本人。聊城杨氏海源阁所藏方志，有宋本《舆地广记》38卷，宋本《会稽三赋》3卷，宋本《咸淳临安志》98卷，明本《长安志》20卷，附图3卷。杨氏藏书久已散佚。杭州丁氏八千卷楼所藏方志，有影宋抄本《元和郡县图志》，弘治刊本《嘉兴府志》，正德刊本《湖广通志》，正德刊本《武功县志》《朝邑县志》等，均为善本，丁氏藏书今大多藏于南京图书馆。

清末民国初有私家专藏地方志的风气，如杭州王绶珊、宜兴任凤苞、蒲圻张国淦等，经营三四十年，所藏均在千种以上。惟王绶珊所藏在抗日战争时遭兵火损毁，任氏所藏大都献给天津图书馆，张氏所藏还有一部分存于湖北省图书馆。又如上海南洋中学、上海徐家汇天主堂藏书楼和上海亚洲文会所藏方志，今都藏于上海图书馆。其他私家所藏本府本县志书居多，如金山姚光藏有明崇祯三年刊本《松江府志》58卷本，其后人献给上海图书馆，武进盛宣怀藏有明嘉靖刊本《荆溪外记》和崇祯刊本《三山志》今藏于华东师范大学图书馆。新中国成立以来，方志的收藏基本上都归各省市县级图书馆保管。但这些都是以前藏书家苦心收藏的结果，功不可没。

图片授权

全景网

壹图网

中华图片库

林静文化摄影部

敬　启

本书图片的编选，参阅了一些网站和公共图库。由于联系上的困难，我们与部分入选图片的作者未能取得联系，谨致深深的歉意。敬请图片原作者见到本书后，及时与我们联系，以便我们按国家有关规定支付稿酬并赠送样书。

联系邮箱：932389463@qq.com

参考书目

1. 黄苇等．方志学．上海：复旦大学出版社．1993
2. 仓修良．方志学通论．北京：方志出版社．2003
3. 刘纬毅等．中国方志史．太原：三晋出版社．2010
4. 巴兆祥．方志学新论．上海：学林出版社．2004
5. 诸葛计．中国方志五十年史事录．北京：方志出版社．2002
6. 吕志毅．方志学史．保定：河北大学出版社．1993
7. 来新夏．中国地方志综录．合肥：黄山书社．1988
8. 来新夏．方志学概论．福州：福建人民出版社．1983
9. 林衍经．方志学综论．上海：华东师范大学出版社．2008
10. 许卫平．中国近代方志学．南京：江苏古籍出版社．2002
11. 王晓岩．方志演变概论．沈阳：辽沈书社．1992
12. 魏桥等．浙江方志源流．杭州：浙江人民出版社．1988
13. 中国地方志指导小组办公室．中国方志文献汇编（上、下）．北京：方志出版社．1999
14. 中国地方志集成·上海府县志辑．上海：上海书店出版社．1991
15. 中国地方志集成·江苏府县志辑．南京：江苏古籍出版社．1991
16. 中国地方志集成·浙江府县志辑．上海：上海书店出版社．1993
17. 何光谟．中国方志丛书．台北：成文出版社．1966—1985

18. 傅振伦. 中国方志学通论. 北京：北京燕山出版社. 1988

19. 傅振伦. 中国史志论丛. 杭州：浙江人民出版社. 1986

20. 李泰棻. 方志学. 石家庄：河北人民出版社. 1990

21. 黎锦熙，甘鹏云. 方志学两种. 长沙：岳麓书社. 1984

22. 王葆心. 方志学发微. 湖北：湖北省地方志编纂委员会办公室. 1984年2月内部印刷

23. 寿鹏飞. 方志通义. 1941年铅印本

24. 吴宗慈. 修志丛论. 1941年刊本

25. 江西省地方史志资料选辑. 江西师范大学历史系. 1985年4月内部印刷

26. 于乃仁. 方志学略述. 建国学术. 1940（1）

27. 朱士嘉. 中国地方志综录. 上海：商务印书馆. 1958

28. 金恩辉，胡述兆. 中国地方志总目提要. 台北：汉美图书有限公司. 1996

29. 陈光贻. 稀见地方志提要. 济南：齐鲁书社. 1987

中国传统民俗文化丛书

一、古代人物系列（13本）
1. 中国古代乞丐
2. 中国古代道士
3. 中国古代名帝
4. 中国古代名将
5. 中国古代名相
6. 中国古代文人
7. 中国古代高僧
8. 中国古代太监
9. 中国古代侠士
10. 中国古代幕僚
11. 中国古代皇后
12. 中国古代士人
13. 中国古代华侨

二、古代民俗系列（10本）
1. 中国古代民俗
2. 中国古代玩具
3. 中国古代服饰
4. 中国古代丧葬
5. 中国古代节日
6. 中国古代面具
7. 中国古代祭祀
8. 中国古代剪纸
9. 中国古代鞋帽
10. 中国古代生肖文化

三、古代收藏系列（16本）
1. 中国古代金银器
2. 中国古代漆器
3. 中国古代藏书
4. 中国古代石雕
5. 中国古代雕刻
6. 中国古代书法
7. 中国古代木雕
8. 中国古代玉器
9. 中国古代青铜器
10. 中国古代瓷器
11. 中国古代钱币
12. 中国古代酒具
13. 中国古代家具
14. 中国古代陶器
15. 中国古代年画
16. 中国古代砖雕

四、古代建筑系列（12本）
1. 中国古代建筑
2. 中国古代城墙
3. 中国古代陵墓
4. 中国古代砖瓦
5. 中国古代桥梁
6. 中国古塔
7. 中国古镇
8. 中国古代楼阁
9. 中国古都
10. 中国古代长城
11. 中国古代宫殿
12. 中国古代寺庙

五、古代科学技术系列（15本）
1. 中国古代科技
2. 中国古代农业
3. 中国古代水利
4. 中国古代医学
5. 中国古代版画
6. 中国古代养殖
7. 中国古代船舶
8. 中国古代兵器
9. 中国古代纺织与印染
10. 中国古代农具
11. 中国古代园艺
12. 中国古代天文历法
13. 中国古代印刷
14. 中国古代地理
15. 中国古代地方志

六、古代政治经济制度系列（16本）
1. 中国古代经济
2. 中国古代科举

3. 中国古代邮驿
4. 中国古代赋税
5. 中国古代关隘
6. 中国古代交通
7. 中国古代商号
8. 中国古代官制
9. 中国古代航海
10. 中国古代贸易
11. 中国古代军队
12. 中国古代法律
13. 中国古代战争
14. 中国古代衙门
15. 中国古代外交
16. 中国古代盐文化

15. 中国古代饮食
16. 中国古代娱乐
17. 中国古代兵书
18. 中国古代哲学
19. 中国古代宗祠
20. 中国古代奇案
21. 中国古代旅游
22. 中国古代家风
23. 中国古代地名
24. 中国古代家谱与年谱
25. 中国古代名字与别号
26. 中国古代墓志铭

七、古代文化系列（26本）

1. 中国古代婚姻
2. 中国古代武术
3. 中国古代城市
4. 中国古代教育
5. 中国古代家训
6. 中国古代书院
7. 中国古代典籍
8. 中国古代石窟
9. 中国古代战场
10. 中国古代礼仪
11. 中国古村落
12. 中国古代体育
13. 中国古代姓氏
14. 中国古代文房四宝

八、古代艺术系列（12本）

1. 中国古代艺术
2. 中国古代戏曲
3. 中国古代绘画
4. 中国古代音乐
5. 中国古代文学
6. 中国古代乐器
7. 中国古代刺绣
8. 中国古代碑刻
9. 中国古代舞蹈
10. 中国古代篆刻
11. 中国古代杂技
12. 中国古代民间工艺